Sommaire

La République

Livres 6 et 7

Les chiffres et les lettres entre crochets sont utilisés universellement pour se repérer dans l'ensemble du corpus platonicien. On les doit à Henri Estienne (1528-1598), un célèbre humaniste qui a édité les œuvres complètes de Platon.

Livre 6

[484] — Eh bien, dis-je, Glaucon, pour ce qui est des philosophes, et de ceux qui ne le sont pas, voici que parvenus au terme d'un long dialogue, et avec quelque difficulté, on a fait voir qui ils sont, les uns et les autres[1].

— C'est que peut-être, dit-il, le faire brièvement n'était pas facile.

— C'est en effet ce qui apparaît, dis-je. Moi en tout cas il me semble que ce serait apparu encore mieux si on n'avait eu à parler que de cela, et s'il n'était pas resté bien d'autres choses à exposer pour pouvoir distinguer en quoi la vie [b] juste diffère de la vie injuste.

— Qu'avons-nous donc à traiter après cette question? dit-il.

— Rien d'autre, dis-je, que ce qui en constitue la suite: une fois admis que sont philosophes ceux qui sont capables de s'attacher à ce qui est toujours identiquement dans les mêmes termes; tandis que ceux qui n'en sont pas capables, mais errent parmi les choses multiples et variables en tous sens, ne sont pas philosophes, lesquels d'entre eux doivent être chefs de la cité?

---

1. Dans les livres précédents, Socrate et ses interlocuteurs, Glaucon et Adimante, ont cherché à comprendre ce qu'était la justice dans la cité et dans l'homme. Ils ont esquissé les plans d'une cité parfaitement juste, dans laquelle il appartiendrait aux philosophes d'exercer le pouvoir.

— Mais de quelle façon en parler, dit-il, pour que notre réponse soit adéquate ?

— Ceux, dis-je, qui paraîtront capables de garder à la fois les lois des cités et les fonctions qu'on y exerce, ce sont ceux-là [c] qu'il faut instituer comme gardiens.

— Tu as raison, dit-il.

— Mais, dis-je, cette question est-elle résolue : est-ce un aveugle, ou un homme à la vue perçante, qu'il faut avoir comme gardien pour surveiller quelque objet que ce soit ?

— Comment pourrait-elle ne pas être résolue ? dit-il.

— Eh bien, te semble-t-il y avoir la moindre différence entre les aveugles, et ceux qui sont réellement privés de la connaissance de toute chose qui est réellement, qui n'ont dans l'âme aucun modèle clair, et ne sont pas capables, comme le feraient des peintres, de tourner les yeux vers ce qui est le plus vrai, de s'y reporter à chaque fois, et de le considérer avec le plus d'exactitude possible, pour précisément y conformer aussi [d] les règles à établir ici concernant ce qui est beau, juste, et bon, chaque fois que besoin est de les établir ; et aussi bien de préserver celles qui sont établies, en étant leurs gardiens ?

— Non, par Zeus, dit-il, il n'y a guère de différence entre eux.

— Instituerons-nous alors plutôt ces derniers comme gardiens, ou bien ceux qui ont reconnu chaque chose qui est réellement, tout en n'étant nullement en reste sur les premiers pour l'expérience, et en n'ayant aucun retard sur eux dans aucune autre partie de l'excellence ?

— Il serait bien étrange d'en choisir d'autres qu'eux, dit-il, si en effet ils s'avèrent ne pas être en reste par ailleurs. Car par ce point même, sans doute le plus important de tous, ils auraient l'avantage.

[485] — Allons-nous dès lors traiter la question de savoir de quelle façon les mêmes hommes seront en mesure de posséder à la fois le premier et le second avantage ?

— Oui, certainement.

— Eh bien, c'est ce que nous disions au début de cette partie du dialogue[1] : il faut d'abord connaître leur nature en profondeur. Et je crois que si nous tombons suffisamment d'accord sur ce point, nous serons d'accord aussi que les mêmes hommes seront en mesure de posséder ces deux avantages, et qu'on n'a pas besoin d'autres hommes qu'eux pour être les chefs des cités.

— Comment procéder ?

— Concernant les natures philosophes, accordons-nous sur ce point : qu'elles ne cessent d'être amoureuses [b] du savoir capable de leur donner une vision de l'essence qui ne cesse d'être, sans errer sous l'effet de la naissance et de la corruption.

— Oui, accordons-nous là-dessus.

— Et posons en outre, dis-je, que c'est de l'essence tout entière qu'elles sont amoureuses, sans renoncer de bon gré à une part plus ou moins grande, ou plus ou moins importante de l'essence, selon ce que nous avons expliqué précédemment en parlant de ceux qui aiment les honneurs, et de ceux qui sont doués pour l'amour.

— Tu as raison, dit-il.

— Après cela, examine donc ce point : s'il est nécessaire que ceux qui devront être tels que nous l'avons dit aient dans leur nature, [c] en plus, l'aptitude suivante.

— Quelle aptitude ?

— La répugnance envers ce qui est faux, et la disposition à ne jamais accepter volontairement le faux, mais à le détester, et à avoir de l'affection pour la vérité.

— Oui, apparemment, dit-il.

— Il ne s'agit pas seulement d'apparence, mon ami, mais il est aussi très nécessaire que celui qui par nature est disposé amoureusement envers un objet d'amour, chérisse tout ce qui est parent, et proche, de ses amours.

— Exact, dit-il.

---

1. Renvoi au livre 2 de *La République*, 375a-c.

— Or pourrais-tu trouver quelque chose de plus proche de la sagesse que la vérité ?

— Comment le pourrais-je ? dit-il.

— Est-il donc possible que le même naturel soit ami de la sagesse (philosophe), et [d] ami du faux[1] ?

— Non, nullement.

— Il faut donc que celui qui est réellement ami du savoir tende, dès sa jeunesse, le plus possible vers la vérité.

— Oui, absolument.

— Mais chez celui dont les désirs penchent fortement vers une seule chose, nous savons, n'est-ce pas, qu'ils sont plus faibles pour aller vers le reste, comme s'il s'agissait d'un courant canalisé dans cette direction.

— Bien sûr.

— Dès lors, celui en qui le flux des désirs va vers les savoirs et vers tout ce qui est du même genre, serait, je crois, attaché au plaisir que l'âme retire de sa relation avec elle-même, et abandonnerait les plaisirs qui passent par le corps, à moins qu'il ne soit philosophe que fictivement, et non [e] véritablement.

— Très nécessairement.

— Un tel homme, dès lors, est tempérant, et n'est nullement ami des richesses. Car étant donné les raisons pour lesquelles on recherche les richesses, avec tout le luxe qu'elles permettent, c'est à tout autre qu'à lui qu'il convient de les rechercher.

— Oui, c'est cela.

— Or il faut aussi, n'est-ce pas, examiner le point suivant, quand on veut [486] distinguer le naturel philosophe de celui qui ne l'est pas.

— Quel point ?

— Il faut éviter que, sans que tu t'en sois aperçu, ce naturel ne manque du sens de la liberté. Car la mesquinerie, tu le sais, est la chose la plus contraire à une âme dont

---

1. Ami du faux : *philopseudès* fait pendant à *philosophos*.

on veut qu'elle tende vers le tout, et, en toute occasion, vers toute réalité divine aussi bien qu'humaine.

— Oui, c'est tout à fait vrai, dit-il.

— Or à une pensée douée de grandeur de vues, et de la capacité de contempler la totalité du temps et de l'existence, crois-tu que la vie humaine puisse sembler être quelque chose d'important ?

— C'est impossible, dit-il.

— Par conséquent, [b] un tel homme considérera que même la mort n'est pas à craindre ?

— Non, pas du tout à craindre.

— Dès lors un naturel lâche et dépourvu du sens de la liberté ne saurait apparemment pas avoir de part à la philosophie véritable.

— Non, pas à mon avis.

— Mais dis-moi : l'homme à l'âme ordonnée, qui n'a pas le goût de l'argent, qui ne manque pas du sens de la liberté, qui n'est ni vantard ni lâche, se pourrait-il qu'il devienne peu fiable dans les contrats, ou injuste ?

— Non, cela ne se peut.

— Dès lors, en examinant une âme amie de la sagesse pour la distinguer de celle qui ne l'est pas, tu examineras aussi ce point : si vraiment, dès sa jeunesse, elle est juste et douce, ou bien asociale, et sauvage.

— Certainement.

— Et tu ne laisseras pas non plus de côté la question suivante, [c] à ce que je crois.

— Laquelle ?

— Celle de savoir si elle apprend facilement ou difficilement. Espères-tu que quelqu'un puisse jamais chérir suffisamment une chose qu'il ferait en souffrant, et où il réussirait peu, malgré ses efforts ?

— Non, cela ne saurait se produire.

— Mais si, étant plein d'oubli, il n'était capable de conserver aucune des choses qu'il aurait apprises ? Pourrait-il éviter d'être vide de connaissance ?

— Comment le pourrait-il ?

— Dès lors qu'il peinerait sans résultat, ne crois-tu pas qu'il finirait forcément par se haïr lui-même, et par haïr ce genre d'activité ?

— Comment [d] l'éviterait-il ?

— Par conséquent, ne sélectionnons jamais une âme oublieuse pour la placer parmi celles qui sont adéquatement philosophes ; au contraire, exigeons que cette âme soit douée de mémoire.

— Oui, certainement.

— Mais nous pourrions affirmer que ce qui a un naturel à la fois étranger aux Muses, et dépourvu d'élégance, n'entraîne dans aucune autre direction que celle du manque de mesure.

— Certes.

— Or la vérité, penses-tu qu'elle soit apparentée à l'absence de mesure, ou au sens de la mesure ?

— Au sens de la mesure.

— Par conséquent, nous devons rechercher une intelligence naturellement douée de mesure et de grâce, en plus du reste, une intelligence que son naturel portera spontanément [e] vers la forme visible[1] de chaque chose qui est.

— Inévitablement.

— Mais dis-moi : es-tu par hasard d'avis que les qualités que nous avons énumérées ne sont pas nécessaires et ne s'ensuivent pas les unes des autres, pour l'âme dont on veut qu'elle soit en relation avec ce qui est réellement, de façon adéquate et parfaite ?

— Si, dit-il, elles lui sont [487] tout à fait nécessaires.

— Est-il dès lors possible que tu désapprouves une activité telle qu'on ne saurait jamais devenir à même de l'exercer de façon adéquate sans être naturellement pourvu de mémoire, de facilité à apprendre, de grandeur de vues,

---

1. Le sens premier du terme *idea*, « forme visible », conduit ici à un sens second et proprement platonicien, « caractère intelligible ».

de grâce, ami aussi bien que parent de la vérité, de la justice, de la virilité, de la tempérance ?

— Même Mômos [1], dit-il, ne saurait désapprouver une telle activité.

— Eh bien, dis-je, n'est-ce pas à de tels hommes, accomplis aussi bien sous le rapport de l'éducation que de l'âge, et à eux seuls, que tu confierais la cité ?

Alors Adimante : — Socrate, dit-il, à ces [b] arguments que tu as avancés, personne ne serait à même de s'opposer. Mais ceux qui à chaque fois t'entendent parler comme tu le fais à présent éprouvent à peu près l'impression que voici : ils pensent que par manque d'expérience dans la pratique des questions et des réponses, ils se laissent entraîner par le dialogue un peu à chaque question ; que, ces petites quantités s'additionnant, à la fin de l'échange la déviation s'avère grande, et les entraîne à l'opposé des premiers arguments ; et que, de même que face à ceux qui sont forts au jeu de dés, ceux qui ne le sont pas finissent par se laisser bloquer et ne savent plus quoi jouer, de même eux aussi finissent par se laisser [c] bloquer et ne savent plus quoi dire dans cette autre sorte de jeu de dés, joué, lui, non avec des jetons mais avec des paroles. Car, pour ce qui concerne le vrai, ils ne pensent nullement qu'il se trouve plus du côté de leur adversaire que du leur. Je dis cela en considérant ce qui se passe à présent. En ce moment, en effet, on pourrait te dire qu'en paroles on n'a rien à opposer à chacune de tes questions, mais qu'en fait on voit que parmi tous ceux qui se sont dirigés vers la philosophie (non pas ceux qui se sont attachés à elle [d] dès leur jeunesse pour se faire éduquer, et l'ont quittée ensuite, mais ceux qui s'y adonnent plus longuement), les uns — la plupart — deviennent tout à fait déformés, pour ne pas dire immoraux, et que les autres, qui semblent les plus respectables, sans doute sous l'effet de

1. Personnification du blâme et de la critique. Voir Hésiode, *Théogonie*, v. 214.

cette occupation dont toi tu fais l'éloge, deviennent inutiles aux cités.

Et moi, l'ayant écouté : — Crois-tu, dis-je, que ceux qui disent cela disent faux ?

— Je ne sais pas, dit-il, mais c'est avec plaisir que j'entendrais ce qu'est ton avis.

[e] — Tu entendrais qu'à mon avis en tout cas, ils me paraissent dire le vrai.

— Comment alors, dit-il, peut-on prétendre que les cités ne connaîtront pas de cesse à leurs maux avant qu'en elles ce soient les philosophes qui dirigent, si nous sommes d'accord pour dire qu'ils leur sont inutiles ?

— Tu me poses une question, dis-je, qui demande une réponse énoncée à l'aide d'une image.

— Mais toi, n'est-ce pas, dit-il, je crois que tu n'as pas l'habitude de parler par images !

— Très bien, dis-je. Tu te moques de moi après m'avoir jeté dans un argument si difficile à démontrer ? Mais écoute-moi donc développer l'image en question : [488] tu verras encore mieux les difficultés que j'ai à composer des images. Ce que subissent les hommes les plus respectables dans leurs relations avec les cités est en effet si pénible, qu'il n'y a pas une seule autre chose qui en subisse autant. Il faut, pour en composer une image et ainsi prendre leur défense, la composer à partir de plusieurs éléments, comme quand les peintres peignent des boucs-cerfs et des êtres de ce genre, en faisant des mélanges. Figure-toi en effet une scène comme celle-ci, qui ait lieu soit sur plusieurs bateaux, soit sur un seul : un patron qui, par la taille et la force, l'emporte sur tous ceux qui sont dans son bateau, [b] mais qui est un peu sourd et a pareillement la vue basse ; et ce qu'il connaît de la navigation est de même qualité ; les matelots, eux, sont en dissension les uns avec les autres au sujet du pilotage, chacun croit que c'est à lui de piloter, alors qu'il n'en a jamais appris l'art ni ne peut désigner celui qui aurait été son maître, ni en quel temps il l'aurait appris ; et, bien plus, ils affirment que cela ne peut même pas s'enseigner ; et même, si quelqu'un dit que cela peut s'enseigner, ils sont tout prêts [c] à le mettre en pièces. Eux, on les voit agglutinés sans cesse autour du patron lui-même, lui demandant qu'il leur confie la barre, et faisant tout pour l'obtenir ; et quelquefois, s'ils échouent à le persuader, mais que c'en sont plutôt d'autres à leur place qui y arrivent, ou bien ils tuent ces concurrents, ou bien ils les jettent par-dessus bord ; le patron attitré, ils l'assujettissent par la mandragore ou par l'ivresse, ou par quelque autre moyen, et prennent la direction du bateau, se servant de ce qu'il contient, et tout en buvant et en festoyant, ils mènent la navigation qu'on peut attendre de tels hommes. Et qui plus est, lui donnant le nom de spécialiste de la navigation [d] et du pilotage et d'expert en bateaux, ils font l'éloge de quiconque est doué pour concevoir comment les aider à prendre la direction, soit en persuadant le patron, soit en lui faisant violence ; celui qui n'est pas fait ainsi, ils le traitent d'inutile ; quant au véritable pilote, ils n'ont même pas idée qu'il lui soit nécessaire de faire une étude de la marche de l'année, des saisons, du ciel, des astres, et des vents, et de tout ce qui concerne son art, s'il veut un jour être réellement apte à diriger un bateau. Pour ce qui est de la façon dont il aura à piloter, en tenant compte de la bonne [e] ou de la mauvaise volonté de certains des marins, ils ne croient pas qu'il soit possible d'en acquérir l'art ni l'étude, et du même coup d'acquérir aussi l'art du pilote. Eh bien, si telle était la situation sur les bateaux, ne penses-tu pas que l'homme véritablement doué pour piloter serait nommé un observateur des airs, un bavard, et un homme sans utilité pour eux[1], [489] par ceux qui naviguent sur les bateaux munis d'un tel équipage ?

— Si, certainement, dit Adimante.

---

1. Allusion à la chute de Thalès dans un puits alors qu'il regardait le ciel.

— Je crois, dis-je, que tu n'as certes pas besoin que cette image te soit expliquée pour voir qu'elle ressemble à l'attitude des cités à l'égard des philosophes véritables, mais que tu comprends ce que je veux dire.

— Oui, certainement, dit-il.

— Eh bien, celui qui s'étonne que les philosophes ne soient pas honorés dans les cités, instruis-le en premier lieu de cette image, et essaie de le persuader que ce qui serait bien plus étonnant, ce serait qu'ils [b] y soient honorés.

— Je l'en instruirai, dit-il.

— Enseigne-lui aussi que tu dis sans doute vrai, quand tu dis que les plus remarquables, parmi ceux qui s'adonnent à la philosophie, sont inutiles à la masse des gens. Enjoins-lui alors d'accuser de cette inutilité ceux qui n'ont pas recours à eux, et non ces hommes respectables. Car il n'est pas dans la nature des choses qu'un pilote aille demander aux matelots de se faire diriger par lui, ni que les gens qui s'y connaissent aillent aux portes des riches : non, celui qui a fait cette plaisanterie a dit faux[1]. Ce qui est vrai selon la nature est au contraire que, riche ou pauvre, chaque fois qu'on est malade, la nécessité veut qu'on aille à la porte [c] des médecins, et qu'en général quiconque a besoin d'être dirigé aille à la porte de qui est capable de diriger ; que ce n'est pas au dirigeant à demander aux dirigés de se faire diriger par lui, dans le domaine où il pourrait véritablement leur être de quelque utilité. Mais tu ne te tromperas pas en comparant les spécialistes des cités qui les dirigent aujourd'hui aux matelots que nous disions à l'instant, et ceux qui sont appelés par eux des inutiles et des bavards perdus dans les airs, aux pilotes véritables.

— C'est tout à fait exact, dit-il.

1. D'après Aristote (*Rhétorique*, II, 16), Simonide aurait répondu à la femme de Hiéron, tyran de Syracuse, lui demandant s'il valait mieux être riche ou sage : riche, pour la raison qu'un riche voit les sages passer leur vie à sa porte.

— Dès lors, en conséquence de cela et dans ces conditions, il n'est pas facile pour l'occupation la meilleure d'avoir bonne réputation auprès de ceux qui s'occupent d'activités toutes contraires. [d] Mais l'accusation de beaucoup la plus grave et la plus violente qui atteigne la philosophie vient de ceux qui prétendent s'occuper de cette activité elle-même ; c'est précisément à eux, selon ton affirmation, que pense celui qui s'attaque à la philosophie, quand il dit que la plupart de ceux qui se dirigent vers elle sont des hommes immoraux, tandis que ceux d'entre eux qui sont les plus remarquables sont des inutiles ; et j'ai convenu moi-même que tu disais vrai. N'est-ce pas ?

— Oui.

— Nous avons donc expliqué en détail la cause de l'inutilité des hommes remarquables ?

— Oui, en grand détail.

— Quant à la nécessité de la méchanceté de la plupart d'entre eux, veux-tu qu'après cela nous l'expliquions, et que nous essayions de montrer, si nous en sommes capables, que ce n'est pas [e] non plus la philosophie qui en est la cause ?

— Oui, volontiers.

— Alors continuons à alterner écoute et paroles en remontant par le souvenir jusqu'au moment où nous avons exposé quel naturel devrait nécessairement avoir, à sa naissance, celui qui aurait à être un homme de bien. [490] Ce qui le guidait, si tu l'as en tête, c'était en premier lieu la vérité, qu'il lui fallait poursuivre de toutes ses forces et par tous les moyens ; faute de quoi, il ne serait qu'un vantard, qui ne devrait participer en aucune façon de la philosophie véritable.

— Oui, c'est bien ce qui a été dit.

— Or ce seul point, ainsi énoncé, n'est-il pas fortement en opposition avec l'opinion soutenue actuellement sur cet homme ?

— Si, très, dit-il.

— Alors ne nous défendrons-nous pas de façon adéquate, si nous disons que celui qui serait réellement ami de la connaissance serait naturellement porté à combattre pour atteindre ce qui est réellement, sans s'attarder à chacune des nombreuses choses [b] dont on opine qu'elles sont ; qu'il irait de l'avant et ne laisserait pas son amour s'atténuer ni prendre fin avant d'avoir touché la nature de chaque chose qui est, en elle-même, avec la partie de son âme à laquelle il appartient de s'attacher à une telle réalité ; or cela appartient à l'élément qui en est parent ; qu'après s'être ainsi approché de ce qui est réellement, et s'y être uni, après avoir dans cette union engendré intelligence et vérité, il aurait la connaissance, et en même temps la vie et la nourriture véritables ; qu'ainsi, mais pas auparavant, prendrait fin son tourment ?

— Cette défense serait la plus appropriée qu'il est possible, dit-il.

— Mais dis-moi : cet homme sera-t-il quelque peu enclin à aimer le faux, ou tout au contraire à le détester ?

[c] — À le détester, dit-il.

— Certes, puisque c'est la vérité qui conduira la danse, nous n'allons jamais dire, je crois, que le chœur des vices puisse lui faire cortège.

— Comment le pourrions-nous ?

— Mais que l'accompagne la façon d'être à la fois saine et juste, à laquelle fait encore suite la tempérance.

— Exact, dit-il.

— Et quant au reste du chœur composant le naturel philosophe, quel besoin y a-t-il de le contraindre à défiler à nouveau depuis le début ? Tu te souviens sans doute que marchaient avec ces qualités, et en convenance avec elles, virilité, grandeur de vues, facilité à apprendre, mémoire ; mais tu intervins pour dire que chacun serait certes contraint [d] de tomber d'accord avec ce que nous disons, mais que, s'il laissait de côté les arguments, et tournait ses regards vers les individus mêmes dont parlait l'argument, il affirmerait voir en certains d'entre eux des inutiles, et en la plupart des méchants, d'une méchanceté entière ; alors, examinant la cause de cette accusation, nous en sommes arrivés à la question suivante : pourquoi donc la plupart d'entre eux sont-ils méchants ? Et c'est précisément à cause de cela que nous avons repris l'examen du naturel des vrais philosophes et que nous avons été contraints de le définir.

— Oui, dit-il, [e] c'est cela.

— Eh bien, c'est précisément de ce naturel, dis-je, qu'il faut considérer les modes de dégradation : de quelle façon il se détruit chez la plupart, en n'y échappant que de peu chez ceux que précisément on nomme non pas méchants, mais inutiles ; et après cela, considérer à leur tour les naturels qui imitent le naturel philosophe, [491] et abandonnent leur fonction pour adopter la sienne : ce que sont les naturels des âmes qui, parvenant jusqu'à une fonction dont elles sont indignes et qui est trop importante pour elles, y multiplient les fausses notes, et finissent par attacher en tout lieu et aux yeux de tous à la philosophie la réputation dont tu parles.

— Mais, dit-il, de quelles dégradations parles-tu ?

— Je vais, dis-je, si je m'en révèle capable, essayer de te l'exposer. Sur le point suivant, en tout cas, je crois que chacun tombera d'accord avec nous : un tel naturel, possédant toutes les qualités que nous venons justement de prescrire à celui qui veut devenir parfaitement [b] philosophe, naît rarement et en petit nombre parmi les hommes. Ne le penses-tu pas ?

— Si, certainement.

— Or examine combien sont nombreuses et puissantes les causes de destruction de ces natures déjà peu nombreuses.

— De quelles causes veux-tu parler ?

— Ce qui est le plus étonnant à entendre, c'est que justement chacun des éléments que nous avons loués dans ce naturel cause la perte de l'âme qui le possède, et la détache de la philosophie : je veux dire la virilité, la tempérance, et tous les éléments que nous avons énumérés.

— Oui, c'est étrange à entendre, dit-il.

— Et bien plus, [c] dis-je. Outre ces qualités, c'est tout ce qu'on dit être des biens qui la dégrade, et la détache de la philosophie : beauté, richesse, force du corps, parenté puissante dans la cité, et tout ce qui en est proche : tu saisis le type général des choses dont je parle.

— Oui, je le saisis, dit-il. Mais j'aimerais te demander plus précisément ce que tu veux dire.

— Alors, dis-je, si tu conçois l'ensemble correctement, cela te paraîtra très clair, et ce que j'en ai dit auparavant cessera de te sembler étrange.

— De quelle façon, dit-il, m'invites-tu donc à m'y prendre ?

— S'agissant de toute [d] semence, dis-je, ou de tout être soumis à la croissance, soit parmi les végétaux de la terre, soit parmi les animaux, nous savons que celui qui ne rencontre pas la nourriture qui convient à chacun, ni le temps ni le lieu favorables, manque d'autant plus de ce qui lui convient, qu'il est plus vigoureux. Car à ce qui est bon, d'une certaine façon le mal est plus opposé qu'à ce qui n'est pas bon.

— Inévitablement.

— Il est donc logique, je crois, que le naturel le meilleur, quand il se trouve exposé à une nourriture qui lui est plus étrangère, se détériore plus qu'un naturel médiocre.

— Oui, c'est logique.

— Par conséquent, Adimante, dis-je, [e] pouvons-nous affirmer, de la même façon, que les âmes les plus naturellement douées elles aussi, quand elles rencontrent une mauvaise pédagogie, deviennent exceptionnellement mauvaises ? Ou bien crois-tu que les grandes iniquités et la méchanceté sans mélange proviennent d'un naturel médiocre, et non d'un naturel pétulant que sa nourriture mène à sa perte ? Et crois-tu qu'un naturel sans force puisse jamais être la cause de grandes choses, en bien ou en mal ?

— Non, dit-il, je ne le crois pas, je pense comme toi.

— Par conséquent le naturel [492] du philosophe tel que nous l'avons posé, je crois, s'il rencontre l'enseignement qui lui convient, parviendra nécessairement, en croissant, à une pleine excellence ; mais si, une fois semé, et développé, il n'est pas nourri dans l'enseignement qui lui convient, c'est au contraire tout à l'opposé qu'il parviendra, à moins qu'un des dieux ne se trouve lui venir en aide. Ou bien considères-tu toi aussi, comme la masse, qu'il existe des jeunes gens corrompus par des sophistes, et des sophistes individuels qui les corrompent[1], au point qu'il vaille la peine de le mentionner ? ne crois-tu pas que ceux qui disent cela sont eux-mêmes [b] les plus grands des sophistes, qui forment le plus complètement, pour les rendre tels qu'ils les veulent, jeunes gens, et gens plus âgés, aussi bien hommes que femmes ?

— Quand feraient-ils donc cela ? dit-il.

— C'est, dis-je, lorsqu'ils se réunissent en grand nombre et vont siéger ensemble dans des assemblées, des tribunaux, des théâtres, des expéditions militaires, ou dans quelque autre concours collectif de foule, et qu'au milieu d'une rumeur de masse, ils désapprouvent certaines des choses qui sont dites ou faites, et font l'éloge des autres, dans l'un et l'autre cas de façon hyperbolique, par des cris et des applaudissements ; [c] et qu'en plus d'eux les rochers et le lieu où ils sont, en leur faisant écho, redoublent la rumeur du blâme ou de l'éloge. Dans une telle situation, quel cœur crois-tu que gardera le jeune homme, comme on dit ? et quelle éducation singulière lui faudra-t-il avoir eue pour qu'elle résiste, ne soit pas submergée par ce genre de blâme ou d'éloge, et ne se laisse pas emporter par le flot là

1. Socrate lui-même a été accusé de corrompre la jeunesse, voir *Apologie de Socrate*, 24d.

où il veut l'emporter, pour lui faire déclarer belles ou laides les mêmes choses qu'eux, s'appliquer [d] aux mêmes choses qu'eux, et être comme eux ?

— Oui, la contrainte serait forte, Socrate, dit-il.

— Et cependant, dis-je, nous n'avons pas encore parlé de la contrainte la plus forte.

— Quelle est-elle, dit-il.

— C'est celle qu'imposent en fait, quand ils n'arrivent pas à persuader par leurs paroles, ces éducateurs et sophistes. Ne sais-tu pas que, si quelqu'un ne se laisse pas convaincre, ils le punissent par des peines de privation de droits, des amendes, et des condamnations à mort ?

— Si, je le sais très bien, dit-il.

— Dès lors quel autre sophiste, selon toi, ou quels discours individuels orientés [e] en sens inverse, pourraient l'emporter sur eux ?

— Aucun, selon moi, dit-il.

— Non, en effet, dis-je, et l'entreprendre même serait pleine déraison. Car un caractère ne devient pas différent, ne l'est jamais devenu, et ne risque donc pas de jamais le devenir pour avoir été éduqué à la vertu en dépit de l'éducation qu'eux ils donnent. Un caractère humain, camarade — le caractère divin, certes, mettons-le à part, comme dit le proverbe. Car il faut bien savoir que tout ce qui est maintenu tel qu'il doit être, ou qui devient tel, dans l'état présent des régimes [493] politiques, on ne se tromperait pas en disant que c'est la faveur d'un dieu qui l'a préservé.

— Je ne suis pas d'un autre avis que toi, dit-il.

— Eh bien, dis-je, voyons si en plus de cela le point suivant t'agrée aussi.

— Lequel ?

— Chacun des individus voués à la recherche d'une rétribution que ces gens nomment des sophistes, et dont ils pensent qu'ils exercent un art concurrent du leur, n'enseigne en fait rien d'autre que ces opinions de la masse, celles qu'elle soutient lorsqu'elle se rassemble, et c'est cela qu'il nomme savoir[1]. C'est exactement comme si on apprenait à connaître les emportements et les désirs d'un grand et fort animal que l'on élèverait : [b] de quelle façon il faut s'approcher de lui et de quelle façon le toucher, en quelle occasion il devient le plus difficile ou le plus gentil, et à la suite de quoi ; et pour les sons, en quelle occasion il a l'habitude d'émettre chacun d'eux, et inversement lesquels, quand ils sont émis par quelqu'un d'autre, le calment ou le déchaînent ; et qu'ayant appris à connaître tout cela, à force d'être avec lui et d'y consacrer du temps, on l'appelait savoir, on l'organisait en système pour en faire un art, et on se mettait à l'enseigner, alors qu'en vérité on ne saurait rien de ce qui, dans ces avis et ces désirs, est beau ou laid, bon ou mauvais, juste ou injuste ; [c] mais qu'on se mettait à donner des noms à tout cela en fonction des opinions du grand animal, appelant bon ce dont il se réjouirait, et mauvais ce dont il souffrirait, sans avoir sur ces sujets aucune autre façon d'en rendre raison que de nommer juste et beau ce qui serait nécessaire, alors que la nature de ce qui est nécessaire et celle de ce qui est bon — en quoi en réalité l'une diffère de l'autre — on ne l'aurait pas perçue, et qu'on ne serait pas capable de la faire voir à un autre. Un tel homme, dès lors, par Zeus, ne serait-il pas un étrange éducateur, à ton avis ?

— Si, dit-il.

— Te semble-t-il alors y avoir la moindre différence entre lui et celui qui considère que la capacité de se représenter ce qui dégoûte [d] ou ce qui ravit une masse de gens divers assemblés, c'est un savoir, soit dans l'art de la peinture, soit dans celui de la musique, soit évidemment dans l'art politique ? En effet, si quelqu'un se met à fréquenter ces gens, pour exhiber devant eux une de ses compositions poétiques, ou quelque autre produit d'un art, ou un service

1. Les sophistes se dénomment ainsi d'après leur prétendu savoir, *sophia*.

proposé à la cité, donnant ainsi à la masse le pouvoir de le juger lui-même au-delà de ce qui est nécessaire, ce qu'on nomme la nécessité de Diomède[1] lui fera créer précisément ce que ces gens-là peuvent louer. Mais quant à savoir si elles sont véritablement bonnes et belles, as-tu jamais jusqu'à présent entendu l'un d'eux en rendre raison d'une façon qui ne soit pas risible ?

— Non, je ne crois pas, dit-il, [e] ni non plus que j'en entendrai jamais un.

— Alors, gardant tout cela en tête, remémore-toi le point suivant : que le beau lui-même — non la multiplicité des choses belles — existe, ou que chaque chose en elle-même — non la multiplicité des « chaque chose » — existe, y a-t-il moyen que [494] la masse puisse un jour l'accepter, ou le penser ?

— Pas le moins du monde, dit-il.

— Par conséquent, dis-je, il est impossible que la masse soit philosophe.

— Oui, c'est impossible.

— Et par conséquent il est inévitable que ceux qui philosophent soient désapprouvés par la masse.

— Oui, c'est inévitable.

— Ainsi que par ceux des particuliers qui, fréquentant la foule, sont désireux de lui plaire.

— Oui, c'est visible.

— Eh bien, cela étant donné, quel moyen de salut vois-tu pour un naturel philosophe, moyen qui lui permettrait de rester dans cette occupation et d'arriver à son but ? Imagine-le à partir de ce qui a été dit auparavant. [b] En effet nous sommes bien tombés d'accord que la facilité à apprendre, la mémoire, la virilité, et la grandeur de vues appartiennent à ce naturel.

— Oui.

---

1. Diomède aurait ramené au camp des Achéens Ulysse ligoté en le faisant marcher à la pointe de son épée.

— Par conséquent un tel homme sera dès l'enfance le premier en toutes choses, surtout s'il se développe corporellement autant que psychiquement ?

— Il le sera forcément, dit-il.

— Dès lors aussi bien ses proches que ses concitoyens voudront avoir recours à lui pour leurs propres affaires, lorsqu'il sera devenu plus âgé.

— Bien sûr.

— Par conséquent [c] ils se mettront à ses pieds, à lui adresser leurs demandes, et à l'honorer, captant à l'avance et flattant à l'avance sa puissance future.

— En tout cas, dit-il, c'est ainsi que les choses ont tendance à se produire.

— Que crois-tu alors, dis-je, qu'un tel homme fera en de telles circonstances, surtout s'il se trouve appartenir à une grande cité et y être à la fois riche et de haute naissance, doué de plus d'une belle apparence et d'une haute taille ? Ne va-t-il pas s'emplir d'un espoir démesuré, s'imaginant être à même de s'occuper à la fois des affaires des Grecs et de celles des Barbares [1], [d] et là-dessus ne va-t-il pas s'exalter, tout enflé de poses et de prétention vaine, au lieu de réfléchir ?

— Si, certainement, dit-il.

— Dès lors, si à un homme dans de telles dispositions, quelqu'un venait tranquillement dire la vérité, à savoir qu'il n'a pas de bon sens, et qu'il lui en faudrait, mais qu'on ne peut en acquérir sans s'asservir à l'effort pour l'acquérir, crois-tu qu'il trouve aisé de prêter l'oreille, au milieu de tant de vices ?

— Loin de là, dit-il.

— Mais si cependant, dis-je, du fait qu'il est naturellement doué et qu'il y a une parenté entre lui et ces discours, s'il arrivait qu'un seul homme s'avère capable de les rece-

---

1. Tout cela, et ce qui suit, pourrait trouver quelque appui dans la carrière d'Alcibiade et ses relations contrastées avec Socrate. Voir *Premier Alcibiade*, 105b et *Banquet*, 215d.

voir d'une façon ou d'une autre, [e] et qu'il soit fléchi, et entraîné vers la philosophie, comment croyons-nous que réagiront ceux qui penseront avoir perdu son concours et sa complicité ? Ne vont-ils pas tout dire et tout faire, à la fois auprès de lui, pour l'empêcher de se laisser convaincre, et auprès de celui qui cherche à le convaincre, pour l'empêcher d'en être capable, aussi bien en complotant contre lui en privé, qu'en lui faisant affronter des procès en public[1] ?

[495] — Si, très nécessairement, dit-il.

— Est-il alors possible qu'un tel homme se mette à philosopher ?

— Non, pas du tout.

— Tu vois donc, dis-je, que nous n'avions pas tort de dire qu'à coup sûr ce sont les parties elles-mêmes qui composent le naturel philosophe, lorsqu'elles sont soumises à l'influence d'une mauvaise nourriture, qui sont en quelque façon les causes de sa chute hors de son occupation, avec ces prétendus biens que sont les richesses et tous les avantages du même genre.

— Non, en effet, dit-il, nous n'avions pas tort, l'argument était correct.

— Voilà donc, dis-je, homme étonnant, avec quelle force et de quelle façon se produit la perte, [b] la destruction du naturel le meilleur destiné à la fonction la meilleure, naturel qui de toute façon n'est présent qu'en petit nombre, comme nous l'affirmons. Or c'est bien de ces personnages que naissent aussi bien ceux qui causent les plus grands maux aux cités et aux particuliers, que ceux qui leur causent les plus grands biens, quand ils ont la chance d'être entraînés dans cette direction. Tandis qu'un naturel mesquin n'a jamais de grand effet sur personne, ni sur un particulier, ni sur une cité.

1. Allusion prémonitoire au procès de Socrate. Anytos, accusateur de Socrate, fut d'après Plutarque (*Vie d'Alcibiade,* 4, 5) l'amant complaisant et éconduit d'Alcibiade.

— C'est tout à fait vrai, dit-il.

— Dès lors, ces hommes, précipités hors de ce qui leur convient le plus, [c] laissent la philosophie à l'abandon, et le mariage non accompli, pour aller eux-mêmes vivre une vie qui ne leur convient pas, et qui n'est pas vraie ; tandis qu'elle, devenue comme orpheline des gens de sa race, se voit abordée par d'autres hommes, indignes d'elle, qui la déshonorent, et lui attirent ces reproches dont toi aussi tu déclares que l'accablent ses critiques : à savoir que ceux qui vivent avec elle sont soit des gens sans mérite, soit, pour la plupart, des hommes qui ne méritent qu'une abondance de maux.

— En effet, dit-il, c'est bien là ce qu'on dit.

— C'est avec quelque apparence de raison qu'on le dit, repris-je. Car d'autres avortons, voyant la place devenir vide, tout en restant pleine de beaux noms et de beaux [d] décors, font comme ceux qui, en s'évadant de prison, se réfugient dans les temples : eux aussi quittent avec joie leurs arts pour sauter dans la philosophie, se seraient-ils trouvés être les plus habiles dans leur petit métier. C'est que, en tout cas en comparaison avec les autres arts, la valeur de la philosophie — qui est pourtant en si mauvais état — reste assez prestigieuse ; et dès lors nombre d'hommes la convoitent, qui par leur nature sont imparfaits, mais qui en plus, parallèlement à leurs corps mutilés par la pratique de leurs arts et par leurs travaux d'artisans, se trouvent [e] avoir aussi des âmes abîmées et estropiées par leurs vils métiers : n'en va-t-il pas nécessairement ainsi ?

— Si, certainement, dit-il.

— À les voir, dis-je, ne dirait-on pas, à s'y méprendre, un forgeron chauve et malingre qui a gagné une somme d'argent, qui vient de se libérer de ses liens, et de se nettoyer aux bains, et qui, vêtu d'un manteau neuf, et apprêté comme un promis, profite de la pauvreté et de l'abandon de la fille de son maître pour se disposer à l'épouser ?

— Non, [496] dit-il, il n'y a guère de différence entre eux.

— Or quel genre d'enfants est-il vraisemblable que de tels hommes vont engendrer ? Ne seront-ce pas des enfants bâtards et médiocres ?

— Si, de toute nécessité.

— Mais voyons : ceux qui ne méritent pas de recevoir une éducation, lorsqu'ils s'approchent de la philosophie et la fréquentent, sans en être dignes, quel genre de pensées et d'opinions allons-nous dire qu'ils vont engendrer ? n'est-ce pas ce qu'il convient de tenir véritablement pour des sophismes, rien qui soit légitime et qui touche à une réflexion véritable ?

— Si, parfaitement, dit-il.

— Dès lors il est bien petit, Adimante, dis-je, le nombre restant d'hommes qui [b] fréquentent la philosophie en en étant dignes : peut-être un caractère noble, favorisé d'une bonne éducation, préservé par l'exil, et qui, en l'absence de gens qui viennent le corrompre, persiste dans la philosophie en conformité avec sa nature ; ou bien, dans une petite cité, lorsque naît une âme grande qui dédaigne les affaires de la cité et voit plus loin ; peut-être aussi quelque autre caractère rare et bien né, venu d'un autre art qu'il dédaigne à juste titre pour aller vers elle. Le frein de notre camarade Théagès, lui aussi, pourrait être à même de retenir en elle. Théagès, en effet, a tout ce qu'il faut pour [c] précipiter quelqu'un hors de la philosophie, mais l'état maladif de son corps l'y retient, en le tenant à l'écart des choses politiques. Quant à ce qui me concerne, moi, à savoir le signe de l'esprit démonique [1], il ne vaut pas la peine d'en parler : car il s'est manifesté à la rigueur chez une seule autre personne, voire chez aucune, parmi les hommes du passé. Or quand on se trouve être parmi le petit nombre d'hommes à avoir goûté combien cette possession est douce et bienheureuse,

1. Socrate, notamment dans l'*Apologie* (31d), mentionne ce démon qui lui recommande de s'abstenir de certains actes, en particulier de s'engager en politique.

et en contrepartie à avoir vu suffisamment ce qu'est la folie de la masse ; de ces hommes qui ont vu que personne ne fait pour ainsi dire rien de sain dans la conduite des affaires des cités, et qu'il n'y a même personne avec qui s'allier pour [d] secourir ce qui est juste tout en garantissant son propre salut ; quand on a vu que, comme un homme qui, tombé parmi des bêtes sauvages, refuserait de s'associer avec elles pour commettre des injustices, sans être non plus de taille à résister à lui tout seul à tous ces êtres sauvages, on succomberait avant même d'avoir rendu aucun service à sa cité ou à ses proches, s'avérant ainsi inutile à soi-même et aux autres — on prend tout cela en compte dans son raisonnement, on se tient tranquille et on s'occupe de ses propres affaires, comme quand dans la tempête, lorsque nuages de poussière et tornades d'eau sont soulevés par le souffle du vent, on s'abrite au pied d'un muret ; voyant tous les autres pleins de mépris pour les lois, on se satisfait d'arriver d'une façon ou d'une autre à vivre soi-même la vie de ce monde [e] en restant pur d'injustice et d'actes impies, et à la quitter avec au cœur un bel espoir, dans un esprit à la fois serein, et bienveillant.

— Eh bien, dit-il, s'il la quittait dans cet esprit, cet homme n'aurait pas [497] accompli le moindre des exploits.

— Ni non plus, dis-je, le plus grand, s'il n'a pas eu la chance de rencontrer le régime politique qui lui convient. En effet, dans un régime qui lui convient, il pourra à la fois lui-même grandir encore, et préserver ce qui est commun à tous, en même temps que ce qui lui est propre.

« Eh bien, de ce qui concerne la philosophie, des raisons pour lesquelles elle suscite la calomnie, et de leur injustice, il me semble que nous avons parlé de façon appropriée, à moins que toi tu n'aies encore autre chose à dire.

— Non, dit-il, je n'ai rien de plus à dire là-dessus. Mais le régime qui convient à la philosophie, lequel dis-tu que c'est, parmi les régimes politiques d'aujourd'hui ?

— Ce n'est aucun [b] d'entre eux, dis-je ; et précisément

c'est même ce que je mets en cause : qu'aucune constitution de cité, parmi celles d'aujourd'hui, ne soit digne d'un naturel philosophe ; et que pour cette raison ce naturel se pervertisse et s'altère à la fois, de la même façon qu'une semence étrangère, semée dans une autre terre que la sienne, se dévoie, et a tendance, étant dominée, à rejoindre la semence locale ; qu'ainsi cette race elle aussi ne garde plus à présent sa capacité propre, mais se dégrade en un caractère qui n'est pas le sien. En revanche, si elle reçoit le régime politique le meilleur, [c] de la même façon qu'elle-même aussi est la meilleure, alors elle fera voir qu'elle est réellement une race divine — tandis que les autres sont humaines — aussi bien dans sa nature que dans ses occupations. Il est bien évident qu'après cela tu me demanderas quel est ce régime politique.

— Tu n'as pas deviné, dit-il. Ce n'est pas ce que j'allais demander, mais si c'est celui que nous, nous avions décrit lors de la fondation de notre cité, ou un autre.

— Dans l'ensemble, dis-je, c'est bien lui. Mais nous avions mentionné aussi à ce moment-là ce point même : qu'il devrait toujours exister dans la cité un élément qui possède [d] cette même intelligence du régime que toi aussi, le législateur, tu possédais quand tu as établi les lois.

— Oui, cela a été dit en effet.

— Or, dis-je, ce point n'a pas été suffisamment mis en évidence, par peur de ce que vous, vous avez mis en évidence par votre résistance : à savoir que la démonstration en serait longue et difficile. Et de fait ce qui reste n'est pas ce qu'il y a de plus facile à exposer.

— Qu'est-ce ?

— De quelle façon une cité doit manier la philosophie pour éviter d'aller à sa perte. Car, c'est sûr, toutes les grandes choses sont périlleuses, et, comme on le dit, les belles choses sont réellement difficiles.

— Eh bien, cependant, [e] dit-il, que la démonstration parvienne à son terme et fasse apparaître ce point.

— Ce n'est pas le manque de volonté, dis-je, mais, si quelque chose doit le faire, le manque de capacité, qui m'en empêchera. Mais puisque tu es là, tu verras en tout cas mon empressement. Vois déjà avec quel empressement et quel mépris du danger je m'apprête à dire que c'est à l'inverse de ce qu'elle fait à présent que la cité doit s'attacher à cette occupation.

— De quelle façon ?

— Ceux qui s'y attachent à présent, dis-je, et qui sont des adolescents à peine [498] sortis de l'enfance, attendant le moment de s'occuper de la gestion de la maison et de gagner de l'argent, la quittent à peine ils se sont approchés de la partie la plus difficile de cette activité : encore passent-ils pour les plus éminemment philosophes. Par « la partie la plus difficile », je veux dire celle qui concerne les arguments. Et dans la suite de leur vie, lorsque d'autres qui s'en occupent les y invitent, ils pensent avoir beaucoup fait en acceptant de devenir leurs auditeurs, parce qu'ils croient que c'est une chose à ne pratiquer qu'en supplément du travail sérieux. Et à l'approche de la vieillesse, excepté un petit nombre d'entre eux, ils connaissent une extinction bien pire que celle du soleil héraclitéen [1], [b] d'autant qu'eux ne se rallument pas.

— Alors comment faut-il la pratiquer ? dit-il.

— Tout à l'opposé. Quand ils sont adolescents ou enfants, il faut leur administrer une éducation et une philosophie pour adolescents, et prendre surtout grand soin de leurs corps, pendant la période où ils croissent et deviennent des corps d'hommes, de façon qu'ils y trouvent un soutien pour la philosophie. Puis, lorsque vient l'âge où l'âme commence à s'accomplir, intensifier les exercices qui la concernent. Et lorsque les forces leur font défaut, les rendant [c] inaptes aux affaires de la cité et de l'armée, qu'alors désormais on les laisse paître comme des animaux

1. D'après Héraclite, « le soleil est nouveau chaque jour ».

sacrés[1], sans qu'ils fassent rien d'autre si ce n'est en supplément, puisqu'ils n'ont plus qu'à vivre dans le bonheur ; et qu'une fois leur vie terminée, ils couronnent la vie qu'ils auront eue par une destinée qui, dans le monde de là-bas, lui soit appropriée.

— Oui, c'est avec tout ton cœur, Socrate, que tu dis cela, à mon avis. Cependant je crois que la plupart de ceux qui écoutent vont résister avec encore plus de cœur que toi, et ne se laisseront aucunement convaincre, à commencer par Thrasymaque.

— Ne va pas, dis-je, jeter la discorde entre moi et Thrasymaque, [d] qui venons de devenir amis, sans avoir d'ailleurs été ennemis auparavant. En effet, nous ne relâcherons pas nos efforts, jusqu'à les avoir convaincus, lui et les autres, ou leur avoir procuré quelque avance pour cette autre vie qu'ils mèneront lorsque, nés à nouveau, ils rencontreront le même genre d'arguments.

— Eh bien, dit-il, c'est une courte durée que tu vises !

— Une durée nulle, dis-je, en tout cas comparée à la totalité du temps. Cependant, que la masse des gens ne se laissent pas persuader par ce que nous disons, rien d'étonnant à cela. En effet, ils n'ont jamais vu se produire ce qu'il s'agit à présent de décrire ; ils ont entendu bien plutôt [e] des expressions comme la précédente, avec des éléments rendus délibérément semblables les uns aux autres, au lieu de coïncider les uns avec les autres par hasard, comme c'était le cas à l'instant. Mais d'homme qui se soit rendu égal et semblable[2] à l'excellence, aussi parfaitement qu'il est

---

1. Animaux du troupeau consacré à un dieu, qu'on laissait paître librement.

2. « Égalité » et « similitude » étaient des figures rhétoriques développées par Gorgias et Isocrate qui procédaient par égalisation des périodes et par répétition des mots ou assortiment de mots aux mêmes désinences (procédé que Socrate vient d'imiter fortuitement : *ouk eidon genomenon* « ils n'ont pas vu se produire » — *to nun legomenon* « ce qu'il s'agit à présent de décrire »).

possible, en actes et en paroles, et qui exerce le pouvoir dans une autre cité telle que la nôtre, ils n'en ont jamais [499] vu, ni un seul, ni plusieurs. N'est-ce pas ?

— Non, jamais.

— Et de même, bienheureux homme, ils n'ont pas non plus été suffisamment les auditeurs de discours à la fois beaux et libres, de ces discours où il s'agit de chercher le vrai avec intensité, de toutes les façons possibles, en vue de le connaître, tandis qu'on y salue de loin ce qui est subtil, disputeur, et ne tend à rien d'autre qu'à la gloire et la dispute, aussi bien dans les tribunaux que dans les rencontres privées.

— Non, de ces discours non plus, dit-il.

— C'est en considération [b] de cela, dis-je, et en le prévoyant, que tout à l'heure, malgré nos craintes, nous disions cependant, sous la contrainte de la vérité, ceci : il n'y a aucune chance qu'une cité, ou un régime politique, ou encore, de la même façon, un homme, devienne jamais parfait, avant que ces philosophes peu nombreux et qui à présent sont nommés non pas méchants mais inutiles, ne tombent, par chance, sous l'effet d'une contrainte qui les oblige, qu'ils le veuillent ou non, à se soucier d'une cité, et qui oblige cette cité à les écouter ; ou bien que sur les fils de ceux qui à présent sont dans les organes du pouvoir ou de la royauté, ou sur ces hommes eux-mêmes, ne vienne s'abattre, par quelque inspiration divine, [c] l'amour véritable de la philosophie véritable. Que l'une de ces choses, ou les deux, ne puisse se produire, j'affirme pour ma part qu'il n'y a pas de raison de le penser. Sinon, en effet, ce serait à juste titre qu'on se rirait de nous, comme de gens qui tiennent vainement des propos semblables à des vœux pieux. N'est-ce pas ?

— Oui, c'est cela.

— Si donc l'on admet que la nécessité de se soucier d'une cité s'est imposée à des hommes éminents en philosophie au cours de l'infinité du temps passé, ou bien s'impose à présent dans quelque lieu barbare situé quelque part loin en dehors de ce que perçoit notre [d] vision, ou si elle doit s'imposer encore dans l'avenir, alors nous sommes prêts sur ce sujet à nous battre — en paroles — pour affirmer qu'a existé le régime politique que nous avons décrit, qu'il existe, et qu'il existera, lorsque cette Muse-ci sera devenue maîtresse d'une cité. Car il n'est pas impossible que cela se produise, et nous ne disons pas non plus des choses impossibles. Qu'elles soient difficiles, nous en sommes certes d'accord nous aussi.

— C'est aussi mon avis, dit-il.

— Mais, répondis-je, tu vas dire que tel n'est pas l'avis de la masse ?

— Peut-être, dit-il.

— Ô bienheureux homme, dis-je, [e] n'accuse pas si fort la masse des gens. Tu le verras, ils changeront d'opinion si seulement tu sais, sans esprit de querelle, mais en leur parlant pour les encourager, et pour défaire la calomnie lancée contre l'amour du savoir, leur montrer ceux que tu dis être les philosophes, et définir, comme tu l'as fait à l'instant, leur naturel et leur [500] occupation ; ils comprendront ainsi que tu ne veux pas parler de ceux qu'eux-mêmes croient être tels. Et si jamais ils peuvent les voir sous cet angle, sois sûr qu'ils changeront d'opinion et de réponse. Crois-tu qu'on soit déplaisant avec qui n'est pas déplaisant, ou qu'on en veuille à qui n'est pas envieux, quand on est dénué d'envie et qu'on est gentil ? Moi, avant que tu aies pu répondre, je te dis qu'à mon avis ce n'est que chez quelques-uns, mais pas dans la masse, que se présente une nature aussi déplaisante.

— Moi aussi, sois tranquille, dit-il, je le crois comme toi.

[b] — Crois-tu dès lors aussi comme moi que ceux qui sont cause des sentiments de méfiance de la plupart des gens à l'égard de la philosophie, sont ceux qui de l'extérieur s'introduisent chez elle en importuns, pour faire la fête, s'injurient les uns les autres en manifestant leur goût de la

querelle, et font toujours tourner leurs arguments autour des personnes, faisant là ce qui convient le moins à la philosophie ?

— Oui, je le crois bien, dit-il.

— En effet, Adimante, n'est-ce pas, celui en tout cas qui oriente véritablement sa pensée en direction des choses qui sont réellement, n'a pas le loisir de regarder vers le bas, vers les affaires [c] des hommes, et, en luttant contre eux, de s'emplir d'envie et de malveillance ; il regarde et contemple au contraire certaines réalités qui sont ordonnées et pour toujours dans le même état, qui ne commettent pas d'injustices les unes envers les autres ni n'en subissent, mais se comportent toutes selon l'ordre et la raison ; à la fois il les imite, et il s'efforce de se rendre semblable à elles le plus possible. Crois-tu qu'il y ait moyen de ne pas imiter ce qu'on a plaisir à fréquenter ?

— Non, c'est impossible, dit-il.

— Dès lors qu'il fréquente ce qui est divin et ordonné, le philosophe devient donc ordonné [d] et divin autant qu'il est possible à un homme de le devenir. Mais dans tous ces domaines, il y a beaucoup de calomnie.

— Oui, énormément.

— Dans ces conditions, dis-je, si quelque nécessité s'imposait à lui de se préoccuper d'appliquer aux façons d'être privées et publiques des hommes ce qu'il voit là-bas, au lieu de seulement se modeler lui-même sur ce qu'il voit, crois-tu qu'il deviendrait un mauvais artisan de la tempérance, de la justice, et de toute l'excellence dont le peuple est capable ?

— Non, certainement pas, dit-il.

— Et si la plupart des gens constatent que nous disons vrai à son sujet, [e] continueront-ils à s'irriter contre les philosophes, et refuseront-ils de nous croire quand nous disons qu'une cité ne pourrait être heureuse que si venaient à la dessiner les dessinateurs qui se réfèrent au modèle divin ?

— Non, ils ne s'irriteront pas, dit-il, si vraiment ils le

constatent. Mais de quelle [501] façon de dessiner veux-tu donc parler ?

— Prenant comme surface, dis-je, une cité et les façons d'être des hommes, tout d'abord ils la nettoieraient, ce qui n'est pas très facile. Mais tu sais sans doute que c'est en cela qu'ils différeraient des autres : en ce qu'ils ne consentiraient à toucher ni à un individu, ni à une cité, ni non plus à rédiger des lois, à moins de l'avoir reçue nette, ou de l'avoir rendue telle eux-mêmes.

— Et ils auraient raison, dit-il.

— Ne crois-tu pas qu'après cela ils dessineraient la forme du régime politique ?

— Bien sûr.

— Ensuite, [b] je crois, pour parfaire leur œuvre ils regarderaient fréquemment d'un côté et de l'autre, d'une part vers ce qui est par nature juste, beau, tempérant, et tout le reste, d'autre part vers ce qu'en regard ils créeraient chez les hommes ; par mélange et fusion à partir des diverses fonctions ils réaliseraient « la ressemblance humaine[1] », en prenant exemple sur ce qu'Homère en particulier nomme, quand cela se présente chez les humains, « l'apparence divine » et « la ressemblance divine ».

— Ils auraient raison, dit-il.

— D'un côté, je crois, ils effaceraient, de l'autre ils dessineraient à nouveau, [c] jusqu'à créer des caractères humains qui soient les plus chers aux dieux qu'ils peuvent l'être.

— Ce serait là sans doute, dit-il, le plus beau des dessins.

— Est-ce que dans ces conditions, dis-je, nous parvenons à convaincre de quelque façon ces hommes, dont tu affirmais qu'ils étaient tout prêts à marcher contre nous, qu'un tel dessinateur de régimes politiques est bien l'homme dont

1. *Andreikelon*, « la ressemblance humaine », désignait aussi un pigment couleur chair utilisé par les peintres pour représenter les hommes (*Cratyle*, 424e) ; l'apparence divine d'Achille est évoquée par Homère dans l'*Iliade*, I, 131.

alors nous faisions l'éloge devant eux, et qui les mettait en colère, à l'idée que nous lui avions confié les cités ? Et est-ce qu'en entendant cela ils se radoucissent un peu ?

— Beaucoup, même, dit-il, en tout cas s'ils savent se maîtriser.

— En effet, [d] comment pourront-ils encore contester ? Serait-ce en disant que ce n'est pas de ce qui est réellement et de la vérité que les philosophes sont amoureux ?

— Ce serait certes étrange, dit-il.

— Serait-ce alors en disant que leur naturel, tel que nous l'avons décrit, n'est pas proche de ce qui est le meilleur ?

— Non, cela non plus.

— Alors quoi ? en disant qu'un tel naturel, quand il rencontrera les occupations qui lui conviennent, ne sera pas parfaitement bon et philosophe, plus qu'aucun autre ? Ou que le seront, plus que lui, les hommes que nous avons exclus ?

[e] — Certes pas.

— Se déchaîneront-ils encore quand nous leur dirons que tant que la race philosophe ne sera pas au pouvoir dans une cité, il n'y aura ni pour la cité ni pour les citoyens de cesse à leurs maux, et que le régime politique dont nous racontons l'histoire en paroles ne trouvera pas non plus son accomplissement dans les faits ?

— Peut-être le feront-ils moins, dit-il.

— Veux-tu alors, repris-je, qu'au lieu de dire qu'ils se déchaîneront moins, nous affirmions qu'ils deviendront tout à fait doux et se laisseront convaincre, jusqu'à [502] tomber d'accord avec nous au moins par pudeur, sinon pour une autre raison ?

— Oui, faisons-le, dit-il.

— Pour ceux-là, dis-je, admettons donc qu'ils soient convaincus de ce point. Mais qui contestera le point suivant, et affirmera qu'il ne saurait arriver que naissent des rejetons de rois ou d'hommes au pouvoir, qui, par leurs natures, soient philosophes ?

— Absolument personne, dit-il.

— Et peut-on affirmer que s'ils naissaient tels, ils se corrompraient très nécessairement ? Qu'il soit difficile qu'ils se préservent, nous aussi nous en sommes d'accord, mais que dans la totalité du [b] temps, parmi eux tous aucun jamais ne soit préservé, y aura-t-il quelqu'un pour soutenir cela ?

— Non, comment le pourrait-il ?

— Or, dis-je, un seul homme suffit, s'il se présente et qu'il y ait une cité qu'il sache convaincre, pour accomplir tout ce qui à présent suscite le doute.

— Oui, il suffit, dit-il.

— En effet, dis-je, s'il dirige, qu'il établit les lois et les fonctions que nous avons exposées, il n'est certes pas impossible que les citoyens consentent à les exécuter.

— Non, pas du tout.

— Mais que justement notre avis à nous soit aussi l'avis d'autres gens, cela est-il étonnant et impossible ?

— Non, moi je ne le crois pas, [c] dit-il.

— Or, que cela soit ce qu'il y a de meilleur, si toutefois c'est réalisable, nous l'avons expliqué de façon satisfaisante dans tout ce qui précède, je crois.

— Oui, satisfaisante.

— Dès lors, apparemment, il s'avère en ce qui concerne notre législation, que d'une part ce que nous disons est ce qu'il y a de meilleur, si cela peut se réaliser, que d'autre part il est difficile que cela se produise, mais que ce n'est certes pas impossible.

— Oui, c'est ce qui s'avère, dit-il.

— Par conséquent, puisque ce développement est arrivé à son terme, non sans difficultés, il faut dès lors exposer ce qui reste ensuite à traiter : de quelle [d] façon, et à partir de quels enseignements et de quelles occupations, on introduira dans le régime politique les hommes aptes à le préserver, et à quel âge chacun d'eux s'appliquera à chaque occupation ?

— Certes, c'est ce qu'il faut exposer.

— Elle n'a servi à rien, dis-je, mon astuce consistant à laisser de côté, précédemment, la difficile question de la possession des femmes, celle de l'engendrement des enfants, et de l'institution des dirigeants, parce que je savais combien suscite l'hostilité l'institution qui est tout à fait vraie, et combien sa naissance est difficile. Car à présent ne s'en présente pas moins la nécessité [e] d'exposer ces points. Certes, pour ce qui concerne les femmes et les enfants, on en a terminé; mais pour ce qui concerne les dirigeants, c'est comme à partir du début qu'il faut s'y attaquer. Or nous avions dit, si tu t'en souviens, qu'il fallait qu'ils apparaissent [503] comme les amis de la cité, quand on les mettait à l'épreuve des plaisirs et des souffrances, et s'avèrent ne rejeter cette orientation ni dans la peine, ni dans le danger, ni dans aucun autre changement de fortune, et qu'il fallait éliminer celui qui s'en montrerait incapable; mais que celui qui en toutes circonstances sortirait pur comme l'or qu'on met à l'épreuve du feu, il faudrait l'instituer dirigeant, et lui donner des marques d'honneur à la fois pendant sa vie et quand il l'aurait terminée, et des récompenses. Voilà à peu près ce qui avait été dit, l'argument s'insinuant et se dissimulant, [b] par crainte de déclencher ce à quoi nous avons affaire à présent.

— Tu dis tout à fait vrai, répondit-il : effectivement, je m'en souviens.

— C'est que j'hésitais pour ma part, mon ami, repris-je, à énoncer ce qu'à présent nous avons osé énoncer. Eh bien qu'à présent on ose le dire : ce sont des philosophes qu'il faut instituer comme les gardiens au sens le plus strict du terme.

— Que cela soit dit en effet, dit-il.

— Dès lors conçois combien ils seront vraisemblablement peu nombreux dans ta cité. Car les parties composant le naturel dont nous avons expliqué qu'il devait être le leur, ont rarement tendance à se développer ensemble pour former un même être, mais pour la plupart elles se développent séparées les unes des autres.

[c] — Que veux-tu dire là ? dit-il.

— Ceux qui apprennent bien et ont bonne mémoire, l'esprit sagace et aigu, et tout ce qui s'ensuit, en même temps qu'ils sont juvéniles et doués de grandeur de vues, tu sais qu'il n'ont pas naturellement tendance à être simultanément capables de consentir à vivre de façon ordonnée dans le calme et la stabilité ; de tels hommes, du fait de l'acuité de leur esprit, se laissent emporter au hasard, et tout ce qu'il y a de stable en eux se défait.

— Oui, dit-il, tu dis vrai.

— Au contraire, les caractères stables et qu'on ne fait pas aisément changer, auxquels on aurait plus volontiers affaire parce qu'on peut [d] se fier à eux, et qui à la guerre, devant ce qui fait peur, ne se laissent pas facilement ébranler, font de même quand il s'agit de connaissances : ils se montrent difficiles à ébranler, et ont du mal à apprendre, comme s'ils étaient engourdis, et ils ne sont plus que sommeil et que bâillements dès qu'il faut faire quelque effort dans ce domaine.

— Oui, c'est cela, dit-il.

— Or, nous pour notre part, nous affirmons qu'il faut qu'on participe bel et bien de l'une et de l'autre aptitude, ou alors qu'on ne doit bénéficier ni de l'éducation la plus exigeante, ni d'honneurs, ni du pouvoir de direction.

— Et nous avons raison, dit-il.

— Penses-tu par conséquent que ce cas sera rare ?

— Forcément !

— Il faut alors les mettre à l'épreuve dans les [e] peines, les dangers, et les plaisirs dont nous avons parlé tout à l'heure ; et de plus, ce qu'à ce moment-là nous avions laissé de côté, nous le disons à présent : il faut aussi les exercer dans de nombreuses connaissances, en examinant si leur nature sera capable de porter le poids des connaissances les plus importantes ou bien si elle se [504] découragera, comme on en voit se décourager dans les jeux athlétiques.

— Oui, c'est bien ainsi qu'il faut procéder à l'examen, dit-il. Mais quelles sont ces « connaissances les plus importantes » dont tu parles ?

— Tu te souviens sans doute, dis-je, qu'après avoir distingué trois aspects dans l'âme nous en avions déduit, à propos de la justice, de la tempérance, de la virilité et de la sagesse, ce que chacune était.

— Oui. Si je ne m'en souvenais pas, dit-il, il ne serait pas juste que j'écoute le reste.

— Te souviens-tu aussi de ce qui avait été dit avant cela ?

[b] — Qu'était-ce donc ?

— Nous avions dit, n'est-ce pas, que pour voir ces réalités de la plus belle façon possible, il y avait un autre itinéraire plus long, et qu'elles deviendraient très visibles à qui le parcourrait ; que cependant il était possible d'ajouter à ce qui avait déjà été dit des démonstrations qui en découlaient[1]. Et vous, vous avez dit que cela suffisait, et c'est ainsi que ce qui fut énoncé alors manqua d'exactitude, à ce qu'il me parut ; mais c'est vous qui pourriez dire si ce fut énoncé de façon à vous satisfaire.

— Eh bien pour moi en tout cas, dit-il, l'énoncé était approprié. Et c'est sans doute aussi ce qui parut aux autres.

[c] — Mais, mon ami, dis-je, en de telles choses, une mesure qui reste, si peu que ce soit, en défaut par rapport à ce qui est, n'est pas du tout appropriée. Car rien d'imparfait ne peut être la mesure de rien. Mais quelquefois certains ont l'impression que cela suffit déjà, et qu'il n'est pas besoin de chercher plus loin.

— Ils sont très nombreux, dit-il, ceux à qui leur nonchalance fait éprouver cette impression.

---

1. Renvoi au livre 4 et à l'examen des vertus d'un point de vue psychologique (435d).

— Voilà l'impression, en tout cas, dis-je, la moins adaptée à celui qui a à garder à la fois une cité et des lois.

— Selon toute apparence, dit-il.

— C'est donc la voie plus longue, mon camarade, dit-il, qu'un tel homme [d] doit parcourir, et il ne doit pas prendre moins de peine à apprendre qu'à pratiquer l'exercice nu. Ou sinon, comme nous le disions à l'instant, il ne parviendra jamais au terme de la connaissance la plus importante, et qui aussi lui convient le plus.

— C'est que ce n'était pas là le plus important, dit-il, mais qu'il y a quelque chose d'encore plus important que la justice, et que ce que nous avons exposé ?

— Il y a quelque chose de plus important, dis-je, et de plus on ne doit pas se contenter, comme nous le faisons à présent, de contempler une esquisse de ces choses, mais il ne faut pas renoncer à atteindre leur réalisation la plus achevée. Ne serait-il pas risible, quand il s'agit d'autres entreprises, qui ont peu d'importance, de tout faire, [e] avec application, pour les faire aboutir le plus exactement et le plus nettement possible, et quand il s'agit des plus importantes, de ne pas les juger dignes elles aussi de l'exactitude la plus grande ?

— Si, tout à fait risible, dit-il. Cependant, cette connaissance que tu dis être la plus importante, et ce dont elle traite, crois-tu, dit-il, qu'on te laissera aller sans t'avoir demandé ce que c'est ?

— Certainement pas, dis-je. Mais toi, précisément, pose tes questions. De toute façon ce n'est pas peu souvent que tu me l'as entendu dire, mais à présent ou bien tu ne l'as pas en tête, ou alors tu songes à m'embarrasser [505] en soulevant cette difficulté contre moi. Je crois que c'est plutôt cela. Car tu m'as souvent entendu dire que c'est l'idée du bien la connaissance la plus importante, et que c'est en relation avec elle que les choses justes et les autres deviennent utiles et profitables. Eh bien à présent tu sais à peu près que c'est cela que je vais dire, en ajoutant que nous ne la connaissons pas suffisamment. Or étant donné que nous ne la connaissons pas, si, sans la connaître, nous pouvions connaître le mieux possible tout le reste, tu sais que cela ne nous serait d'aucun profit, de la même façon que quand [b] nous possédons quelque chose sans posséder ce qui est bien. Ou bien crois-tu que ce soit un avantage d'avoir quelque possession que ce soit, si elle n'est pas bonne ? Ou encore de tout comprendre, à l'exception du bien, et de n'avoir aucune compréhension de ce qui est bel et bon ?

— Par Zeus, non, dit-il.

— De plus tu sais également ceci : que pour la masse c'est le plaisir qui semble être le bien, tandis que pour les plus subtils, c'est la compréhension.

— Bien sûr.

— Et tu sais, mon ami, que ceux qui pensent ainsi ne sont pas capables d'expliquer quelle compréhension, mais finissent par être contraints de déclarer que c'est la compréhension du bien.

— Oui, dit-il, et c'est bien comique.

— Comment ne le serait-ce pas, dis-je, [c] quand ils nous reprochent de ne pas connaître le bien, et nous parlent ensuite comme à des gens qui le connaissent ? Ils affirment en effet que c'est la compréhension du bien, comme si à notre tour nous comprenions ce qu'ils disent quand ils prononcent ce mot de « bien ».

— C'est tout à fait vrai, dit-il.

— Mais que dire de ceux qui définissent le bien comme étant le plaisir ? Seraient-ils moins sujets à l'égarement que les autres ? Eux aussi, ne sont-ils pas contraints de tomber d'accord qu'il existe des plaisirs mauvais ?

— Si, certainement.

— Ce qui leur arrive est donc bien, je crois, de tomber d'accord [d] que les mêmes choses sont bonnes, et mauvaises. N'est-ce pas ?

— Oui, bien sûr.

— Il est par conséquent évident qu'il y aura nombre de disputes intenses sur ce sujet ?

— Forcément.

— Mais voyons : n'est-il pas évident que quand il s'agit des choses justes, et belles, nombreux seraient les hommes qui choisiraient celles qui semblent l'être, même si elles ne l'étaient pas réellement, pour cependant les pratiquer, les posséder, et les sembler ; mais que quand il s'agit du bien, personne ne se satisfait plus de ce qui semble l'être, mais qu'on cherche ce qui l'est réellement, et qu'en ce domaine dès lors chacun méprise la semblance ?

— Si, très évident, dit-il.

— C'est qu'il s'agit de ce que poursuit [e] toute âme, de ce qu'elle vise dans tous ses actes, devinant que c'est quelque chose, mais restant perplexe et incapable de saisir de façon adéquate ce que cela peut bien être, ni non plus d'avoir à son sujet la même foi stable qu'elle a au sujet des autres choses (et pour cette raison elle manque aussi ce qui pourrait être de quelque profit dans les autres). Une telle réalité, si importante, [506] allons-nous déclarer que ces hommes, les meilleurs de la cité, entre les mains de qui nous remettons toutes choses, doivent eux aussi rester dans l'obscurité par rapport à elle ?

— Nullement, dit-il.

— Je crois donc, dis-je, qu'aux choses justes ou belles, quand on ignore par où elles peuvent être bonnes, il ne vaudrait guère la peine de procurer un gardien, s'il ignorait cela à leur sujet ; et je devine qu'avant de savoir cela, personne ne les connaîtra suffisamment.

— Tu devines bien, dit-il.

— Dès lors notre régime politique n'aura été parfaitement [b] ordonné, que si celui qui le surveille est un gardien de ce genre, versé dans ces sujets ?

— Oui, nécessairement, dit-il. Mais quant à toi, Socrate, est-ce que tu affirmes que c'est le savoir qui est le bien, ou le plaisir, ou quelque autre réalité en dehors d'eux ?

— Voilà bien l'homme ! dis-je. On voyait clairement, et depuis longtemps, que ne te suffirait pas d'avoir l'avis des autres sur ce sujet !

— C'est, dit-il, qu'il ne me paraît pas juste non plus, Socrate, de pouvoir donner les avis des autres, sans donner le sien propre, alors qu'on s'occupe de cela depuis si longtemps.

— Mais réponds-moi, dis-je. [c] Te semble-t-il juste de parler de ce que l'on ne connaît pas, comme si on le connaissait ?

— Non, dit-il, nullement comme si on le connaissait, mais de consentir à dire ce que l'on croit, comme quelqu'un qui a une croyance sur la question.

— Mais voyons, dis-je. Ne t'es-tu pas aperçu que les opinions qui ne sont pas accompagnées de savoir sont toutes sans beauté ? Les meilleures d'entre elles sont aveugles — ou bien y a-t-il à ton avis la moindre différence entre des aveugles qui vont droit sur une route, et ceux qui, sans en avoir l'intelligence, forment quelque opinion vraie ?

— Aucune, dit-il.

— Veux-tu alors contempler des choses sans beauté, opaques autant que tordues, quand il serait possible [d] d'en entendre évoquer, par d'autres, qui seraient à la fois claires, et belles ?

— Par Zeus ! Socrate, dit Glaucon, ne t'arrête pas comme quelqu'un qui serait parvenu au terme. Il nous suffira en effet que tu développes aussi la question du bien, comme tu as développé celle de la justice et de la tempérance, et des autres vertus.

— Oui, moi aussi, mon camarade, dis-je, cela me suffira tout à fait. Mais j'ai peur de ne pas m'en révéler capable, et, en m'y efforçant maladroitement, de prêter à rire. Eh bien, hommes bienheureux, ce que peut bien être le bien lui-même, laissons cette question pour [e] le moment — car cela me paraît au-delà de ce que peut notre présent effort, que d'atteindre ce qui est pour l'instant mon sentiment là-dessus ; mais de celui qui paraît être le rejeton du bien, et le plus semblable à lui, je veux bien parler, si vous inclinez en ce sens ; et sinon, le laisser de côté.

— Eh bien parles-en, dit-il. Une autre fois tu t'acquitteras de l'exposé concernant le père.

— Je voudrais bien, dis-je, être capable de restituer [507] le dû lui-même, et que vous puissiez le recevoir, et non pas comme à présent seulement ses intérêts[1]. Mais, cela étant, recevez déjà ce qui est à la fois l'intérêt et le rejeton du bien lui-même. Prenez garde cependant que je n'aille vous tromper, sans le vouloir, en vous rendant un compte truqué de l'intérêt dû.

— Nous y prendrons garde, dit-il, autant que possible. Parle seulement.

— Pas avant d'être tombé d'accord avec vous, dis-je, en vous rappelant ce qui a été dit auparavant, et avait été dit souvent déjà ailleurs.

— Qu'était-ce [b] donc ? dit-il.

— Nous affirmons qu'il y a un grand nombre de choses belles, et de choses bonnes, et ainsi de suite dans chaque cas, et nous les distinguons par la parole.

— Oui, nous l'affirmons.

— Et quant au beau lui-même, bien sûr, et au bien lui-même, et ainsi de suite pour toutes les réalités qu'alors nous posions comme multiples, nous les posons cette fois-ci, à l'inverse, d'après une idée unique de chacune comme relevant d'une idée unique, et nommons chacune ainsi posée « ce qui est réellement ».

— Oui, c'est cela.

— Et nous affirmons que les premières sont vues, mais non pensées, et qu'en revanche les idées sont pensées, [c] mais ne sont pas vues.

— Oui, exactement.

---

1. Calembour sur le mot grec *tokos*, qui signifie à la fois le fruit de la génération (« le rejeton ») et celui du capital (« les intérêts »).

— Or par quel élément de nous-mêmes voyons-nous ce qui peut être vu ?

— Par la vue, dit-il.

— Par conséquent, dis-je, c'est par l'ouïe aussi que sont perçues les choses qui peuvent être entendues, et par les autres organes de la perception toutes les choses qui peuvent être perçues ?

— Bien sûr.

— As-tu pensé alors, dis-je, à quel point l'artisan des organes de la perception a fait de la faculté de voir et d'être vu celle qui a coûté le plus d'art ?

— Non, pas du tout, dit-il.

— Eh bien examine les choses ainsi : existe-t-il quelque chose d'une autre espèce qu'il soit besoin d'ajouter à l'ouïe et à la voix pour que la première entende, et que l'autre soit entendue, telle que si cette troisième chose [d] n'est pas adjointe, la première n'entendra pas, et l'autre ne sera pas entendue ?

— Non, aucune, dit-il.

— Et je crois pour ma part, dis-je, qu'il n'y en a pas beaucoup parmi les autres non plus, pour ne pas dire aucune, à laquelle il soit besoin d'ajouter un tel élément. Ou bien, toi, peux-tu en nommer une ?

— Non, pas moi en tout cas, dit-il.

— Mais la faculté de la vue, et du visible, ne remarques-tu pas qu'elle a besoin de quelque chose en plus ?

— Comment cela ?

— La vue est bien localisée dans les yeux, n'est-ce pas ; mais celui qui la possède peut essayer d'en user, même si par ailleurs il y a de la couleur dans les choses : si ne s'y joint pas une troisième espèce de chose qui [e] par nature est particulièrement faite pour cela même, tu sais que la vue ne verra rien, et que les couleurs resteront invisibles.

— Mais quelle est donc cette chose dont tu parles ? dit-il.

— Tout simplement ce que toi tu nommes lumière, dis-je.

— Tu dis vrai, dit-il.

— Ce n'est donc pas une différence de genre négligeable que celle qui existe entre [508] le lien par lequel ont été liés sens du voir et capacité d'être vu, et les autres liaisons : le lien, dans le cas de la vision, a plus de valeur, pour autant que la lumière n'est pas dénuée de valeur.

— Mais non, dit-il, elle est loin d'être sans valeur.

— Alors lequel des dieux du ciel[1] peux-tu désigner comme le maître de cela, lui dont la lumière permet à notre vue de voir, ainsi qu'aux objets visibles d'être vus, de la plus belle façon possible ?

— Exactement le même que toi, dit-il, et que les autres ; il est visible que le soleil est la réponse à ta question.

— Par conséquent la vue a naturellement avec ce dieu le rapport suivant ?

— Quel rapport ?

— La vue n'est pas le soleil : ni elle-même, ni l'organe en lequel elle est localisée, que nous appelons [b] l'œil.

— Non, en effet.

— Mais l'œil est, je crois, parmi les organes des sens, le plus analogue au soleil.

— Oui, de loin.

— Or la capacité qu'il a n'est-elle pas sa possession seulement parce qu'elle lui est dispensée par le soleil, comme s'il laissait déborder son trésor ?

— Si, exactement.

— Ainsi n'est-il pas vrai encore que le soleil n'est certes pas la vue, mais qu'étant la cause de celle-ci, il est vu par la vue elle-même ?

— Si, c'est bien cela, dit-il.

— Eh bien, dis-je, considère que c'est lui que j'affirme être le rejeton du bien, que le bien a engendré comme analogue [c] à lui-même ; ce que le bien lui-même, dans le lieu intelligible, est par rapport à l'intelligence et aux choses

1. Les astres. Le soleil est un dieu, Apollon.

pensées, le soleil l'est dans le lieu visible, par rapport à la vue et aux choses vues.

— De quelle façon ? dit-il. Explique-moi encore cela.

— Les yeux, dis-je, tu sais que, lorsqu'on les tourne vers les objets dont la lumière du jour n'atteint plus les couleurs, mais qu'atteignent les lueurs nocturnes, ils s'obscurcissent et paraissent semblables à ceux des aveugles, comme s'il n'y avait pas en eux de vision nette ?

— Oui, exactement, dit-il.

— Mais, je crois, lorsque c'est vers les objets [d] que le soleil éclaire, ils voient clairement, et il apparaît que la vision est présente dans ces mêmes yeux.

— Bien sûr.

— Conçois donc de la même façon ce qui concerne l'âme aussi, à savoir ainsi : lorsque c'est sur ce qu'éclairent la vérité et l'être qu'elle se fixe, elle le conçoit, le reconnaît, et il apparaît qu'elle possède de l'intelligence ; mais lorsque c'est sur ce qui est mêlé d'obscurité, ce qui devient et qui se défait, elle n'a que des opinions et elle s'obscurcit, faisant varier ses opinions d'un côté et de l'autre, et ressemble en revanche à un être dépourvu d'intelligence.

— Oui, elle lui ressemble.

— Or ce qui [e] procure la vérité aux choses qui sont connues, et donne sa capacité à celui qui connaît, tu peux affirmer que c'est l'idée du bien ; et, comme elle est la cause du savoir et de la vérité, tu peux la concevoir comme étant connue ; mais aussi belles que soient ces deux choses, connaissance et vérité, tu auras raison de penser que le bien est quelque chose d'autre, et d'encore plus beau qu'elles. Pour ce qui est du savoir et de la vérité, de la même façon que sur l'autre plan il était correct [509] de considérer lumière et vision comme analogues au soleil, mais incorrect de penser qu'elles étaient le soleil, de même sur ce plan-ci il est correct de les considérer tous deux, savoir et vérité, comme analogues au bien, mais incorrect de penser qu'aucun des deux soit le bien : il faut accorder encore plus de valeur au mode d'être du bien.

— C'est d'un être d'une beauté extraordinaire que tu parles là, dit-il, si d'une part il procure savoir et vérité, et que de l'autre il est lui-même au-dessus d'eux par la beauté. En effet, il n'y a pas de doute, ce n'est pas le plaisir que tu désignes là !

— Surveille tes paroles ! dis-je. Allons, examine encore son image de la façon suivante.

[b] — De quelle façon ?

— Le soleil, tu affirmeras, je crois, qu'il procure aux choses vues non seulement la capacité d'être vues, mais aussi le devenir, la croissance, et la nourriture, alors que lui-même n'est pas devenir.

— Comment le serait-il ?

— Affirme donc aussi que le bien ne procure pas seulement aux choses connues le fait d'être connues, mais que leur être, comme leur essence aussi, leur viennent en outre de lui, alors que le bien n'est pas une essence, mais qu'il est encore au-delà de l'essence, l'excédant en aînesse et en puissance.

[c] Alors Glaucon, sur un mode très rieur : — Ô Apollon, dit-il, quel débordement prodigieux !

— C'est toi, dis-je, qui en es la cause, en me contraignant à donner mon impression sur le sujet.

— Eh bien ne t'interromps pas, dit-il, mais continue au minimum à développer la comparaison concernant le soleil, s'il t'en reste à dire encore quelque chose.

— Mais oui, dis-je, il me reste un grand nombre de choses.

— Alors, dit-il, n'en laisse pas la moindre de côté.

— Je crois que j'en laisserai, dis-je, et même beaucoup. Cependant, en tout cas pour ce qui est possible dans le moment présent, ce n'est pas volontairement que je les omettrai.

— Non, ne le fais pas, dit-il.

[d] — Représente-toi donc, dis-je, comme nous le disons, que bien et soleil sont deux, et qu'ils règnent, l'un sur le genre et le lieu intelligible, l'autre en revanche sur le lieu visible : je ne dis pas le lieu céleste[1], pour ne pas te donner l'impression de faire le sophiste avec les mots. Mais tu conçois bien ces deux genres, le visible, l'intelligible ?

— Je les conçois.

— Alors imagine que tu prends une ligne coupée en deux sections inégales ; coupe à nouveau chaque section selon la même proportion, celle du genre qui est vu et celle du genre qui est conçu, et tu auras, selon leur netteté ou leur manque de netteté relative, dans ce qui est vu, la première section : [e] les images — j'appelle images en premier lieu [510] les ombres, puis les apparences sur les eaux et sur tout ce qui est d'une consistance serrée, lisse, et brillante, et tout ce qui s'y apparente, si tu me comprends.

— Mais oui, je te comprends.

— Pose alors la seconde section comme ce à quoi ressemble la précédente : les animaux autour de nous, tout le végétal, et l'ensemble du genre des objets fabriqués.

— Je le fais, dit-il.

— Consentirais-tu aussi à affirmer, dis-je, qu'elle se divise en fonction de la vérité et de la non-vérité, ce qui a été rendu semblable étant, par rapport à ce à quoi il est semblable, comme ce qui est opiné par rapport à ce qui est connu ?

— Oui, [b] dit-il, sans difficulté.

— Alors examine aussi, de l'autre côté, comment il faut opérer la division de l'intelligible.

— Comment faut-il l'opérer ?

— De la façon suivante : dans la première partie de ce domaine l'âme, usant, comme d'images, des choses précédemment imitées, est contrainte de chercher à partir d'hy-

---

1. Proximité phonétique entre *ouranon* (« céleste ») et *horaton* (« visible »).

pothèses, en procédant non pas vers un principe mais vers une conclusion; dans sa seconde partie, en revanche, elle progresse à partir d'une hypothèse vers un principe non hypothétique, et sans recourir aux images dont use la première: elle accomplit son parcours à travers les formes à l'aide des formes elles-mêmes.

— Ce que tu dis, dit-il, je ne l'ai pas suffisamment compris.

— Eh bien essayons encore une fois, dis-je. Tu comprendras [c] plus facilement quand aura été dit au préalable ce qui suit. Je crois que tu sais que ceux qui s'occupent de géométrie, de calcul, et des choses de ce genre, supposent l'impair, le pair, les figures, et trois espèces d'angles, et d'autres choses parentes de celles-là, selon chaque démarche; qu'après avoir fait ces hypothèses, comme s'ils en avaient la connaissance, ils n'estiment plus nécessaire d'en rendre aucunement compte ni à eux-mêmes, ni à d'autres, considérant qu'elles sont évidentes à chacun; et que les prenant pour principes [d] ils progressent dès lors dans la suite et finissent par atteindre, de façon conséquente, tout ce dont ils avaient entrepris l'examen.

— Oui, dit-il, cela en tout cas je le sais très bien.

— Par conséquent tu sais aussi qu'ils se servent en outre des formes visibles, et que c'est sur elles qu'ils font leurs calculs, en pensant non pas à elles, mais aux choses auxquelles elles ressemblent: ils mènent leurs raisonnements à propos du carré lui-même et de la diagonale elle-même, et non à propos de celle qu'ils dessinent, et ainsi de suite; [e] les choses qu'ils modèlent et qu'ils dessinent, les choses dont il y a aussi des ombres et des images sur les eaux, ils s'en servent à leur tour comme d'images, et la réalité qu'ils cherchent à voir, c'est ce qu'on ne saurait voir autrement [511] que par la pensée.

— Tu dis vrai, dit-il.

— Voilà donc l'espèce intelligible dont je parlais, et je disais que l'âme y était contrainte de se servir d'hypothèses pour sa recherche : qu'elle n'allait pas vers un principe, car elle n'était pas capable de remonter plus haut que les hypothèses ; et qu'elle se servait, comme d'images, des choses elles-mêmes sur lesquelles ont été modelées les choses de la section d'en-bas, ces choses étant considérées et estimées comme claires, par rapport à leurs images.

— Je comprends, dit-il, tu parles de ce [b] qui est traité par la géométrie, et par les arts parents de la géométrie.

— Comprends alors que par la seconde section de l'intelligible, je veux désigner ce à quoi le discours s'attache par la puissance du dialogue, considérant les hypothèses non comme des principes mais réellement comme des hypothèses, à savoir comme des bases pour prendre son élan de façon à parvenir jusqu'au non-hypothétique, au principe du tout ; et s'étant attaché à ce principe, il se tient aux conséquences découlant de ce principe, et redescend ainsi jusqu'à la conclusion, sans du tout faire usage d'aucun élément sensible ; [c] c'est par les formes elles-mêmes, passant à travers elles pour n'atteindre qu'elles, qu'il trouve sa conclusion dans des formes.

— Je comprends, dit-il (certes pas suffisamment, car tu me sembles parler là d'un travail considérable), je comprends cependant que tu veux distinguer ce qui, dans ce qui est et qui est intelligible, est contemplé par le savoir issu du dialogue, et qui est plus clair que ce qui est contemplé par ce qu'on nomme des arts [1], pour lesquels ce sont les hypothèses qui sont principes : dans ces arts, c'est certes par la pensée, et non par les sens, que ceux qui contemplent ces choses sont contraints de les contempler ; mais du fait [d] qu'ils les examinent sans être remontés jusqu'à un principe, mais à partir d'hypothèses, ils ne te semblent pas avoir l'intelligence de ces choses qui cependant sont intelligibles, quand elles sont conçues à partir d'un principe. Or tu me sembles appeler « pensée », et non pas intelligence, la façon

1. Ici, les disciplines mathématiques.

de penser des spécialistes de géométrie, comme celle des gens comparables, parce que tu considères la pensée comme située en quelque sorte au milieu entre l'opinion et l'intelligence.

— C'est de façon très satisfaisante, dis-je, que tu as assimilé cela. Fais correspondre, s'il te plaît, à ces quatre sections les quatre attitudes suivantes dans l'âme : l'intelligence à celle qui est le plus en haut, [e] la pensée à la seconde, à la troisième attribue la conviction, et à la dernière la faculté de se fonder sur les ressemblances, et ordonne-les de façon proportionnée, en considérant que plus ce à quoi elles s'appliquent participe de la vérité, plus elles participent de la clarté[1].

— Je comprends, dit-il, et j'approuve, et je les mets en ordre de la façon que tu dis.

1. Voir le schéma explicatif, « Trois questions posées au texte », p. 168.

Livre 7

[514] — Eh bien après cela, dis-je, compare notre nature, considérée sous le rapport de l'éducation et du manque d'éducation, à la situation suivante. Voici des hommes dans une habitation souterraine en forme de grotte, qui a son entrée en longueur, ouvrant à la lumière du jour l'ensemble de la grotte ; ils y sont depuis leur enfance, les jambes et la nuque pris dans des liens qui les obligent à rester sur place et à ne regarder [b] que vers l'avant, incapables qu'ils sont, à cause du lien, de tourner la tête ; leur parvient la lumière d'un feu qui brûle en haut et au loin, derrière eux ; et entre le feu et les hommes enchaînés, une route dans la hauteur, le long de laquelle voici qu'un muret a été élevé, de la même façon que les démonstrateurs de marionnettes disposent de cloisons qui les séparent des gens ; c'est par-dessus qu'ils montrent leurs merveilles.

— Je vois, dit-il.

— Vois aussi, le long de ce muret, des hommes qui portent [c] des objets fabriqués de toute sorte qui dépassent du muret, des statues d'hommes [515] et d'autres êtres vivants, façonnées en pierre, en bois, et en toutes matières ; parmi ces porteurs, comme il est normal, les uns parlent, et les autres se taisent.

— C'est une image étrange que tu décris là, dit-il, et d'étranges prisonniers.

— Semblables à nous, dis-je. Pour commencer, en effet,

crois-tu que de tels hommes auraient pu voir quoi que ce soit d'autre, d'eux-mêmes et les uns des autres, que les ombres qui, sous l'effet du feu, se projettent sur la paroi de la grotte en face d'eux ?

— Comment auraient-ils fait, dit-il, puisqu'ils ont été contraints, tout au long de leur vie, de garder [b] la tête immobile ?

— Et en ce qui concerne les objets transportés ? n'est-ce pas la même chose ?

— Bien sûr que si.

— Alors, s'ils étaient à même de parler les uns avec les autres, ne crois-tu pas qu'ils considéreraient ce qu'ils verraient comme ce qui est réellement ?

— Si, nécessairement.

— Et que se passerait-il si la prison comportait aussi un écho venant de la paroi d'en face ? Chaque fois que l'un de ceux qui passent émettrait un son, crois-tu qu'ils penseraient que ce qui l'émet est autre chose que l'ombre qui passe ?

— Non, par Zeus, je ne le crois pas, dit-il.

— Dès lors, dis-je, de tels [c] hommes considéreraient que le vrai n'est absolument rien d'autre que l'ensemble des ombres des objets fabriqués.

— Très nécessairement, dit-il.

— Examine alors, dis-je, ce qui se passerait si on les détachait de leurs liens et si on les guérissait de leur égarement, au cas où de façon naturelle les choses se passeraient à peu près comme suit. Chaque fois que l'un d'eux serait détaché, et serait contraint de se lever immédiatement, de retourner la tête, de marcher, et de regarder la lumière, à chacun de ces gestes il souffrirait, et l'éblouissement le rendrait incapable de distinguer les choses dont [d] tout à l'heure il voyait les ombres ; que crois-tu qu'il répondrait, si on lui disait que tout à l'heure il ne voyait que des sottises, tandis qu'à présent qu'il se trouve un peu plus près de ce qui est réellement, et qu'il est tourné vers ce qui est plus réel, il voit plus correctement ? Surtout si, en lui montrant chacune des choses qui passent, on lui demandait ce qu'elle est, en le contraignant à répondre ? Ne crois-tu pas qu'il serait perdu, et qu'il considérerait que ce qu'il voyait tout à l'heure était plus vrai que ce qu'on lui montre à présent ?

— Bien plus vrai, dit-il.

— Et de plus, si on le contraignait aussi à tourner les yeux [e] vers la lumière elle-même, n'aurait-il pas mal aux yeux, et ne la fuirait-il pas pour se retourner vers les choses qu'il est capable de distinguer, en considérant ces dernières comme réellement plus nettes que celles qu'on lui montre ?

— Si, c'est cela, dit-il.

— Et si on l'arrachait de là par la force, dis-je, en le faisant monter par la pente rocailleuse et raide, et si on ne le lâchait pas avant de l'avoir tiré dehors jusqu'à la lumière du soleil, n'en souffrirait-il pas, et ne s'indignerait-il pas d'être traîné de la sorte ? et lorsqu'il arriverait [516] à la lumière, les yeux inondés de l'éclat du jour, serait-il capable de voir ne fût-ce qu'une seule des choses qu'à présent on lui dirait être vraies ?

— Non, il ne le serait pas, dit-il, en tout cas pas tout de suite.

— Oui, je crois qu'il aurait besoin d'accoutumance pour voir les choses de là-haut. Pour commencer ce seraient les ombres qu'il distinguerait plus facilement, et après cela, sur les eaux, les images des hommes et celles des autres réalités qui s'y reflètent, et plus tard encore ces réalités elles-mêmes. À la suite de quoi il serait capable de contempler plus facilement, de nuit, les objets qui sont dans le ciel, et le ciel lui-même, en tournant les yeux vers la lumière des astres et de [b] la lune, que de regarder, de jour, le soleil et la lumière du soleil.

— Forcément.

— Alors je crois que c'est seulement pour finir qu'il se montrerait capable de distinguer le soleil, non pas ses apparitions sur les eaux ou en un lieu qui n'est pas le sien, mais lui-même en lui-même, dans la région qui lui est propre, et de le contempler tel qu'il est.

— Nécessairement, dit-il.

— Et après cela, dès lors, il conclurait, grâce à un raisonnement au sujet du soleil, que c'est lui qui procure les saisons et les années, et qui régit tout ce qui est dans le lieu du visible, et qui aussi, d'une certaine façon, [c] est cause de tout ce qu'ils voyaient là-bas.

— Il est clair, dit-il, que c'est à cela qu'il en viendrait ensuite.

— Mais dis-moi : ne crois-tu pas que, se souvenant de sa première résidence, et de la « sagesse » de là-bas, et de ses codétenus d'alors, il s'estimerait heureux du changement, tandis qu'eux il les plaindrait ?

— Si, certainement.

— Les honneurs et les louanges qu'ils pouvaient alors recevoir les uns des autres, et les privilèges réservés à celui qui distinguait de la façon la plus aiguë les choses qui passaient, et se rappelait le mieux lesquelles passaient habituellement [d] avant les autres, lesquelles après, et lesquelles ensemble, et qui sur cette base devinait de la façon la plus efficace laquelle allait venir, te semble-t-il qu'il aurait du désir pour ces avantages-là, et qu'il jalouserait ceux qui, chez ces gens-là, sont honorés et exercent le pouvoir ? ou bien qu'il éprouverait ce dont parle Homère, et préférerait de loin, « étant aide-laboureur »,

> ... être aux gages
> D'un autre homme, un sans-terre[1]...

et subir tout au monde plutôt que se fonder ainsi sur les apparences, et vivre de cette façon-là ?

---

1. Lamentation d'Achille dans l'Hadès regrettant la vie humaine (*Odyssée*, X, v. 489-490).

— Je le crois [e] pour ma part, dit-il : il accepterait de tout subir, plutôt que de vivre de cette façon-là.

— Alors représente-toi aussi ceci, dis-je. Si un tel homme redescendait s'asseoir à la même place, n'aurait-il pas les yeux emplis d'obscurité, pour être venu subitement du plein soleil ?

— Si, certainement, dit-il.

— Alors s'il lui fallait à nouveau émettre des jugements sur les ombres de là-bas, dans une compétition avec ces hommes-là qui n'ont pas cessé d'être prisonniers, au moment où lui est aveuglé, avant [517] que ses yeux ne se soient remis, et alors que le temps nécessaire pour l'accoutumance serait loin d'être négligeable, ne prêterait-il pas à rire, et ne ferait-il pas dire de lui : pour être monté là-haut, le voici qui revient avec les yeux abîmés ? et : ce n'est même pas la peine d'essayer d'aller là-haut ? Quant à celui qui entreprendrait de les détacher et de les mener en-haut, s'ils pouvaient d'une façon ou d'une autre s'emparer de lui et le tuer, ne le tueraient-ils pas ?

— Si, certainement, dit-il.

— Eh bien c'est cette image, dis-je, mon ami Glaucon, qu'il faut appliquer intégralement à ce dont nous parlions [b] auparavant : en assimilant la région qui apparaît grâce à la vue au séjour dans la prison, et la lumière du feu en elle à la puissance du soleil, et en rapportant la montée vers le haut et la contemplation des choses d'en-haut à la montée de l'âme vers le lieu intelligible, tu ne seras pas loin de ce que je vise, en tout cas, puisque c'est cela que tu désires entendre. Un dieu seul sait peut-être si cette visée se trouve correspondre à la vérité. Voilà donc comment m'apparaissent les choses : dans le connaissable, ce qui est au terme, c'est l'idée du bien, et on a du mal à la voir, mais une fois qu'on l'a vue [c] on doit conclure que c'est elle, à coup sûr, qui est pour toutes choses la cause de tout ce qu'il y a de droit et de beau, elle qui dans le visible a donné naissance à la lumière et à celui qui en est le maître, elle qui dans l'intelligible, étant maîtresse elle-même, procure vérité et intelligence ; et que c'est elle que doit voir celui qui veut agir de manière sensée, soit dans sa vie personnelle, soit dans la vie publique.

— Je le crois avec toi moi aussi, dit-il, en tout cas pour autant que j'en suis capable.

— Alors va, dis-je, crois avec moi aussi ce qui suit : ne t'étonne pas que ceux qui sont allés là-bas ne consentent pas à s'occuper des affaires des hommes, mais que ce dont leurs âmes ont envie, [d] ce soit d'être sans cesse là-haut. On pouvait bien s'attendre qu'il en soit ainsi, si là aussi les choses se modèlent sur l'image décrite auparavant.

— On pouvait certes s'y attendre, dit-il.

— Mais voyons : crois-tu qu'il y ait à s'étonner, dis-je, si quelqu'un qui est passé des contemplations divines aux malheurs humains se montre dépourvu d'aisance et paraît bien risible, lorsque encore aveuglé, et avant d'avoir pu suffisamment s'habituer à l'obscurité autour de lui, il est contraint d'entrer en compétition devant les tribunaux, ou dans quelque autre lieu, au sujet des ombres de ce qui est juste, ou des figurines dont ce sont les ombres, et de disputer sur la façon dont ces choses [e] sont conçues par ceux qui n'ont jamais vu la justice elle-même ?

— Cela n'est nullement étonnant, dit-il.

— Un homme, en tout cas un homme pourvu de bon sens, [518] dis-je, se souviendrait que c'est de deux façons et à partir de deux causes que les troubles des yeux se produisent : lorsqu'ils passent de la lumière à l'obscurité, ou de l'obscurité à la lumière. Et, considérant que la même chose se produit aussi pour l'âme, chaque fois qu'il en verrait une troublée et incapable de distinguer quelque objet, il ne rirait pas de façon inconsidérée, mais examinerait si, venue d'une vie plus lumineuse, c'est par manque d'accoutumance qu'elle est dans le noir, ou si, passant d'une plus grande ignorance à un état plus lumineux, [b] elle a été frappée d'éblouissement par ce qui est plus brillant ; dès lors il estimerait la première heureuse d'éprouver cela et de vivre ainsi, et plaindrait la seconde ; et au cas où il voudrait rire de cette dernière, son rire serait moins ridicule que s'il visait l'âme qui vient d'en haut, de la lumière.

— Ce que tu dis là est très approprié, dit-il.

— Il faut dès lors, dis-je, si tout cela est vrai, que sur ce sujet nous jugions à peu près ainsi : que l'éducation n'est pas précisément ce que certains, pour en faire la réclame, affirment qu'elle est. Ils affirment, n'est-ce pas, que le savoir [c] n'est pas dans l'âme, et qu'eux l'y font entrer, comme s'ils faisaient entrer la vision dans des yeux aveugles.

— Oui, c'est ce qu'ils affirment, dit-il.

— Or le présent argument en tout cas, dis-je, signifie que cette puissance d'apprendre est présente dans l'âme de chacun, avec aussi l'organe grâce auquel chacun peut apprendre : comme si on avait affaire à un œil qui ne serait pas capable de se détourner de l'obscur pour aller vers ce qui est lumineux autrement qu'avec l'ensemble du corps, ainsi c'est avec l'ensemble de l'âme qu'il faut retourner cet organe pour l'écarter de ce qui est soumis au devenir, jusqu'à ce qu'elle devienne capable de soutenir la contemplation de ce qui est, et de la région la plus lumineuse de ce qui est. Or cela, c'est ce que nous affirmons être [d] le bien. N'est-ce pas ?

— Oui.

— L'éducation dès lors, dis-je, serait l'art de retourner cet organe lui-même, l'art qui sait de quelle façon le faire changer d'orientation le plus aisément et le plus efficacement possible, non pas l'art de produire en lui la puissance de voir, puisqu'il la possède déjà, sans être correctement orienté ni regarder là où il faudrait, mais l'art de trouver le moyen de le réorienter.

— Oui, apparemment, dit-il.

— Dès lors les autres vertus, que l'on appelle vertus de l'âme, risquent bien d'être assez proches de celles du corps, car elles n'y sont pas préalablement présentes en réalité, et on les y crée [e] plus tard par des habitudes et des exercices — tandis qu'apparemment la vertu de penser se trouve très certainement appartenir à quelque chose de plus divin, qui ne perd jamais sa puissance, mais qui, en fonction du retournement qu'il subit, devient utile et avantageux ou au contraire [519] inutile et nuisible. N'as-tu jamais réfléchi, à propos de ceux dont on dit qu'ils sont des méchants, mais qu'ils savent y faire, combien leur âme mesquine sait regarder de façon perçante et distinguer avec acuité les choses vers lesquelles elle s'est tournée, car elle n'a pas la vue faible, mais est contrainte de servir la méchanceté, si bien que plus elle regarde avec acuité, plus elle fait de mal ?

— Oui, exactement, dit-il.

— Cependant, dis-je, cette âme mesquine, avec la nature qu'elle a, si en taillant en elle dès l'enfance on la débarrassait de ce qui l'apparente au devenir, comme on enlèverait des charges de plomb [b] qui, venues se coller à sa nature à force de victuailles, de plaisirs, et de convoitises de ce genre, tournent la vue de l'âme vers le bas ; si elle en était débarrassée, et qu'elle se retournait vers ce qui est vrai, ce même organe, chez les mêmes hommes, verrait aussi cela avec la plus grande acuité, comme il voit ce vers quoi il est à présent tourné.

— Oui, ce serait normal, dit-il.

— Mais dis-moi : ne serait-il pas normal, dis-je — et nécessaire, en fonction de ce qui a été dit auparavant —, que ceux qui sont sans éducation et sans expérience de la vérité ne sachent jamais administrer une cité de façon satisfaisante, [c] ni non plus ceux qu'on laisse passer leur vie, jusqu'à sa fin, dans l'éducation ? les premiers parce qu'ils n'ont pas un but unique dans la vie, dont la visée orienterait tout ce qu'ils auraient à faire dans leur vie personnelle comme dans la vie publique ; les autres parce qu'ils n'iront pas s'en charger de leur plein gré. Car ils sont persuadés d'être parvenus de leur vivant dans les îles des Bienheureux[1].

— C'est vrai, dit-il.

— C'est donc notre tâche, dis-je, à nous les fondateurs, que de contraindre les naturels les meilleurs à aller vers l'enseignement que précédemment nous avons déclaré être le plus important, à voir le bien [d] et à accomplir cette ascension, et une fois qu'après leur ascension ils auront vu de façon satisfaisante, de ne pas leur permettre ce qui à présent leur est permis.

— Qu'est-ce donc ?

— D'y rester, dis-je, et de ne pas consentir à redescendre auprès des prisonniers de tout à l'heure, et à prendre part aux peines comme aux honneurs qui ont cours chez eux, que ces honneurs soient plus ou moins négligeables ou substantiels.

— Alors, dit-il, nous commettrons une injustice envers eux, et rendrons leur vie pire, alors qu'elle pourrait être meilleure ?

— Tu as oublié [e] à nouveau, mon ami, dis-je, qu'à la loi il n'importe pas qu'un groupe quelconque dans la cité réussisse de façon exceptionnelle, mais qu'elle veut agencer les choses de telle façon que cela se produise dans la cité tout entière, en mettant les citoyens dans l'harmonie par la persuasion et par la contrainte, et en faisant en sorte qu'ils échangent les uns avec les autres les services que chaque groupe est capable [520] de rendre à ce qui est commun ; que la loi elle-même produit de tels hommes dans la cité non pas pour laisser chacun d'eux se tourner vers ce qu'il veut, mais pour elle-même se servir d'eux afin de lier la cité à elle-même.

---

1. Îles situées aux extrémités du monde habité, séjour des héros de la quatrième race pour Hésiode (*Travaux*, v. 167-8), des âmes pures pour Pindare (*Olympiques*, II, 75-86). Voir la description du *Phédon* 111a-c.

— C'est vrai, dit-il. En effet, je l'avais oublié.

— Observe alors, Glaucon, dis-je, que nous ne commettrons pas d'injustice envers ceux qui chez nous deviennent philosophes, mais que nous leur tiendrons un langage de justice, en les contraignant de surcroît à se soucier des autres et à les garder. Nous leur dirons en effet qu'il est normal que ceux [b] qui deviennent comme eux, dans les autres cités, ne prennent pas leur part des peines qu'on y assume : car c'est de leur propre mouvement qu'ils se développent, en dépit du régime politique qui règne en chacune, et il est juste que ce qui se développe de soi-même, ne devant sa nourriture à personne, ne désire pas non plus payer à quiconque le prix de sa nourriture. Mais dans votre cas, c'est nous qui pour vous-mêmes comme pour le reste de la cité, comme cela se passe dans les essaims, vous avons engendrés pour être des chefs et des rois, en vous donnant une éducation meilleure et plus parfaite que n'est celle des autres, [c] et en vous rendant plus capables de participer de l'un et de l'autre mode de vie. Il vous faut donc descendre, chacun à votre tour, vers le séjour commun des autres, et vous accoutumer à contempler les choses obscures. Une fois accoutumés, en effet, vous verrez dix mille fois mieux que ceux de là-bas ; vous reconnaîtrez chacune des figurines : ce qu'elle est, et de quoi elle est l'image, pour avoir vu le vrai sur ce qui est beau, juste, et bon. Et ainsi c'est en état de veille que la cité sera administrée, par nous et par vous, et non pas en songe, comme à présent où la plupart sont administrées par des gens qui se combattent les uns les autres pour des ombres, et qui entrent en dissension [d] pour le pouvoir, comme si c'était là quelque grand bien. Or le vrai est en quelque sorte ceci : la cité où vont diriger ceux qui sont les moins empressés à diriger, c'est celle-là qui est nécessairement administrée le mieux et avec le moins de dissension, et celle que dirigent les gens opposés est dans l'état opposé.

— Oui, exactement, dit-il.

— Crois-tu alors que ceux que nous avons élevés, entendant cela, continueront à refuser de nous croire, et ne consentiront pas à s'associer aux peines de la cité, chacun à son tour, tout en passant la plus grande partie de leur temps entre eux dans la région pure ?

— C'est impossible, dit-il. Car ce sont [e] bien là des prescriptions justes que nous imposerons à des hommes justes. Cependant, avant tout c'est comme vers une obligation que chacun d'entre eux se portera vers le pouvoir, à l'opposé de ce que font ceux qui dirigent à présent dans chaque cité.

— C'est cela, mon camarade, dis-je. Si tu trouves, pour ceux qui vont diriger, une vie meilleure que [521] ce pouvoir même, c'est que tu as la possibilité de faire naître une cité bien administrée. Car c'est en elle seule que le pouvoir sera exercé par ceux qui sont réellement riches, non pas d'or, mais de la richesse que doit posséder l'homme heureux, à savoir d'une vie bonne et pleine de raison. Mais si ce sont des mendiants, des hommes affamés de biens personnels qui se portent vers les affaires publiques, croyant que c'est là qu'il y a du bien à dérober, tu n'auras pas cette possibilité. Car quand l'exercice du pouvoir devient l'objet d'un combat, une telle guerre, qui oppose des proches et se déroule à l'intérieur, les détruit à la fois eux-mêmes, et le reste de la cité.

— C'est tout à fait vrai, dit-il.

— Or as-tu, [b] dis-je, l'idée de quelque autre vie capable de mépriser les charges de direction politique, en dehors de la vie consacrée à la philosophie véritable ?

— Non, par Zeus, dit-il.

— Mais par ailleurs il faut que ce ne soient pas des amoureux de l'exercice du pouvoir qui s'y portent. Sinon, les amoureux rivaux se combattront mutuellement.

— Comment l'éviteraient-ils, en effet ?

— Alors quels autres contraindras-tu à se porter vers la garde de la cité, sinon ceux qui tout à la fois sont les plus doués de sens pour trouver les moyens par lesquels le mieux administrer une cité, et qui possèdent d'autres titres honorifiques, et une vie meilleure que la vie politique ?

— Aucuns autres, dit-il.

[c] — Veux-tu alors que maintenant nous examinions de quelle façon de tels hommes y seront produits, et comment on les amènera à la lumière, comme on dit bien que certains sont montés depuis l'Hadès jusques aux dieux[1] ?

— Bien sûr que je le veux, dit-il.

— Faire cela, apparemment, ne consisterait pas à retourner une coquille[2], mais à convertir une âme d'un jour qui est nocturne au jour véritable ; c'est l'ascension vers ce qui est, ascension que nous affirmerons être la vraie philosophie.

— C'est tout à fait cela.

— Par conséquent, il faut examiner lequel des enseignements a une telle [d] capacité ?

— Forcément.

— Quel serait alors, Glaucon, l'enseignement capable de tirer l'âme depuis ce qui devient vers ce qui est ? Mais, tout en disant cela, je pense à la chose suivante : n'avons-nous pas affirmé qu'il était nécessaire qu'ils soient, quand ils sont jeunes, des athlètes de la guerre ?

— Si, nous l'avons affirmé.

— Il faut donc que l'enseignement que nous cherchons ait, en plus de cet avantage, aussi un autre.

— Lequel ?

— Qu'il ne soit pas inutile à des hommes de guerre.

— Il le faut sans doute, dit-il, si toutefois cela est possible.

---

1. Cette ascension de l'Hadès jusqu'au Ciel pourrait faire allusion à l'histoire d'Esculape ou à celle de Dionysos.

2. Jeu qui consistait à lancer une coquille, dont une face était colorée, pour déterminer le camp qui donnerait chasse à l'autre : l'expression signifie ici que l'éducation n'est pas une affaire que l'on pourrait abandonner au hasard.

— Or c'est par la gymnastique, [e] n'est-ce pas, et par la musique, qu'auparavant nous les avons éduqués.

— Oui, par elles, dit-il.

— Or la gymnastique, n'est-ce pas, c'est de ce qui est soumis au devenir et à la destruction qu'elle s'occupe : c'est en effet à l'accroissement et au dépérissement du corps qu'elle préside.

— Apparemment.

— Alors ce ne serait pas là l'enseignement que nous cherchons.

[522] — Non, en effet.

— Mais serait-ce la musique, telle que nous l'avons précédemment décrite ?

— Mais celle-là en tout cas était, dit-il, un simple pendant de la gymnastique, si tu t'en souviens : elle éduquait les gardiens en leur donnant des habitudes, procurant à force d'harmonie un certain état bien harmonisé, et non un savoir, et à force de rythme une allure bien rythmée ; et elle communiquait dans ses paroles certaines habitudes parentes des précédentes, aussi bien dans celles des paroles qui étaient de l'ordre du mythe que dans celles qui, au contraire, étaient plus véridiques ; mais d'enseignement capable de conduire vers quelque chose comme ce que toi tu recherches à présent, il n'y en avait aucun [b] en elle.

— C'est de la façon la plus exacte, dis-je, que tu me remets cela en mémoire. En réalité, en effet, elle ne comportait rien de tel. Mais, génial Glaucon, qu'est-ce qui pourrait avoir cette qualité ? Car les autres arts, n'est-ce pas, nous ont tous semblé être quelque peu des pratiques de tâcherons.

— Bien sûr. Mais alors quel autre enseignement reste-t-il, si l'on met de côté la musique, la gymnastique, et les arts ?

— Allons, dis-je, si nous ne pouvons en choisir aucun en dehors de ceux-là, prenons un de ceux qui les concernent tous.

— Lequel ?

[c] — Par exemple cet enseignement commun, dont font usage tous les arts, tous les raisonnements, et tous les savoirs — celui aussi que tout un chacun doit nécessairement apprendre en premier lieu.

— Lequel ? dit-il.

— Cet enseignement trivial, dis-je, consistant à reconnaître le 1, le 2 et le 3 ; je veux désigner par là, en bref, la numération et le calcul. Ne se trouve-t-il pas, pour parler de ces opérations, que tout art comme tout savoir y ont nécessairement part ?

— Si, tout à fait, dit-il.

— Par conséquent, dis-je, l'art de la guerre aussi ?

— Très nécessairement, dit-il.

— Certes, dis-je, c'est un stratège [d] bien ridicule que Palamède[1], dans les tragédies, fait voir à chaque fois en Agamemnon. N'as-tu pas remarqué que Palamède affirme qu'ayant inventé le nombre, ce fut lui qui, à Troie, fixa à l'armée son ordre de bataille, et dénombra les vaisseaux et tout le reste, comme si avant lui cela n'avait pas été dénombré, et comme si apparemment Agamemnon n'avait même pas su combien de pieds il avait, si en effet il ne savait pas compter ? Dès lors, quel genre de stratège crois-tu qu'il ait pu être ?

— Pour moi, un bien étrange, dit-il, si cela était vrai.

— Poserons-nous alors, [e] dis-je, que c'est un enseignement nécessaire à l'homme de guerre que de pouvoir calculer et compter ?

— Le plus nécessaire de tous, dit-il, s'il veut s'entendre un tant soit peu aux ordres de bataille, ou plutôt seulement être un être humain.

— Tu penses donc, concernant cet enseignement, dis-je, la même chose que moi ?

— Laquelle ?

---

1. L'invention du nombre est attribuée à Palamède par les trois grands tragiques.

— Il y a des chances qu'il soit un de ces enseignements que nous cherchons, [523] conduisant naturellement à l'intelligence, mais que personne n'en use correctement, alors qu'il est tout à fait apte à tirer vers ce qui est réellement.

— En quel sens dis-tu cela ? dit-il.

— Je vais, dis-je, essayer de te faire voir du moins ce qu'est mon sentiment. Les choses que je distingue à part moi comme propres ou non à mener au but que nous disons, considère-les toi aussi, et approuve ou refuse, pour que là aussi nous voyions plus clairement si la chose est telle que je la devine.

— Fais-moi voir comment tu les distingues, dit-il.

— Eh bien je te l'indique, dis-je, en te faisant observer que, lors de la perception, certaines choses n'invitent pas [b] l'intelligence à les examiner, du fait qu'elles sont jugées de façon suffisante par la perception, tandis que les autres l'incitent tout à fait à cet examen, parce que la perception n'y aboutit à rien de sain.

— C'est des choses qui apparaissent de loin, dit-il, que tu veux visiblement parler, et des objets représentés sur des tableaux en trompe l'œil.

— Non, dis-je, tu n'as pas du tout trouvé ce dont je veux parler.

— Alors de quelles choses parles-tu ? dit-il.

— Les choses qui ne sollicitent pas l'intelligence, dis-je, sont celles qui n'aboutissent pas simultanément [c] à une perception contradictoire ; tandis que celles qui aboutissent à ce résultat, je considère qu'elles la sollicitent, puisque leur perception ne fait nullement voir telle donnée plutôt que la donnée opposée, qu'elle nous parvienne de près ou de loin. Mais tu comprendras plus clairement ce que je veux dire si je m'y prends ainsi : disons que nous avons là trois doigts, le plus petit, le second, et le moyen[1].

— Très bien, dit-il.

---

1. Le pouce, l'index, le majeur.

— Conçois bien que j'en parle comme de doigts vus de près. Mais examine avec moi ceci à leur sujet.

— Quoi ?

— Un doigt, c'est ce que chacun d'eux apparaît également être, [d] et à cet égard cela ne change rien qu'on le voie au milieu ou au bord, qu'il soit blanc ou noir, qu'il soit gros ou mince, et tout ce qui est de cet ordre. En effet, dans tous ces cas, l'âme de la plupart des hommes n'est pas contrainte à demander à l'intelligence ce que peut bien être un doigt. Jamais en effet la vue ne lui a signifié simultanément qu'un doigt fût le contraire d'un doigt.

— Non, en effet, dit-il.

— Par conséquent, dis-je, une telle circonstance ne serait vraisemblablement pas propre à solliciter ni [e] à éveiller l'intelligence.

— Non, vraisemblablement.

— Mais dis-moi : leur grandeur et leur petitesse, la vue les voit-elle de façon satisfaisante ? et est-ce que cela ne change rien pour elle que tel d'entre eux soit situé au milieu ou au bord ? et n'en va-t-il pas de même pour le toucher, s'agissant de grosseur ou de minceur, ou de mollesse et de dureté ? Et les autres sensations, ne manifestent-elles pas ce genre de données d'une façon insuffisante ? Chacune d'elles ne procède-t-elle pas de la façon suivante : en premier lieu [524] le sens assigné à la perception de ce qui est dur est nécessairement assigné aussi à celle de ce qui est mou, et il rapporte à l'âme qu'il perçoit le même objet comme dur et comme mou ?

— Oui, c'est cela, dit-il.

— Par conséquent, dis-je, il est nécessaire qu'en de tels cas, l'âme de son côté soit perdue et se demande ce que peut bien être ce dur que la sensation lui signifie, si la sensation décrit aussi le même objet comme mou, et se demande aussi, pour celle de léger, et celle de lourd, ce qu'est le léger, et le lourd, si la sensation signifie le lourd comme léger, et le léger comme lourd ?

[b] — En effet, dit-il, ces informations sont bien étranges pour l'âme, et elles demandent examen.

— Il est donc normal, dis-je, que dans de tels cas l'âme essaie d'abord, en appelant à la rescousse raisonnement et intelligence, d'examiner si chacune des qualités indiquées est une seule, ou deux.

— Forcément.

— Par conséquent, s'il apparaît que ce sont deux choses, chacune paraît être à la fois différente, et une ?

— Oui.

— Si donc chacune des deux est une, et que prises ensemble elles sont deux, l'âme concevra en tout cas ces deux-là comme séparées ; car si elle ne les séparait pas, elle ne les concevrait pas comme deux, [c] mais comme une seule.

— C'est exact.

— Or la vue voit bien le grand et le petit, affirmons-nous, comme quelque chose qui est non pas divisé en deux, mais qui est confondu. N'est-ce pas ?

— Oui.

— Et pour éclaircir cela, l'intelligence a été contrainte de voir grand et petit non pas comme confondus, mais comme séparés, au contraire de ce que faisait la vue.

— C'est vrai.

— N'est-ce donc pas de là que nous vient d'abord l'idée de nous demander ce que peuvent bien être à leur tour le grand et le petit ?

— Si, exactement.

— Et c'est ainsi que dès lors nous avons nommé d'un côté l'intelligible, de l'autre le visible.

[d] — C'est tout à fait exact, dit-il.

— Eh bien c'était cela que tout à l'heure j'essayais de dire : que certaines choses sont propres à solliciter l'intelligence, et les autres non ; celles qui viennent frapper les sens simultanément avec leurs contraires, je les définis comme propres à solliciter l'intelligence, celles qui ne le font pas, comme impropres à l'éveiller.

— Désormais, oui, je comprends, dit-il, et je suis du même avis que toi.

— Mais voyons : le nombre, et l'unité, à quelle catégorie te semblent-ils appartenir ?

— Je n'en ai aucune idée, dit-il.

— Eh bien, dis-je, déduis-le de ce qui a été dit précédemment. Car si l'unité peut être vue de façon suffisante, telle qu'elle est en elle-même, ou être saisie suffisamment par quelque autre [e] perception des sens, elle ne saurait être propre à nous tirer vers l'essence, vers ce qui est, comme nous l'avons dit à propos du doigt ; tandis que si on voit constamment en elle quelque opposition, de sorte qu'elle ne paraisse pas plus être une que le contraire, on aurait à coup sûr besoin dès lors de quelque chose pour en décider, et l'âme dans ce cas-là serait nécessairement égarée, et obligée de conduire une recherche, en mettant en mouvement en elle-même la pensée, et de se demander ce que peut bien être l'unité en elle-même : ainsi [525] l'étude concernant l'unité serait de celles qui mènent à la contemplation de ce qui est réellement, et y convertissent.

— Oui, à coup sûr, dit-il, la perception visuelle de l'unité ne manque pas de comporter cette propriété ; en effet nous voyons simultanément la même chose comme une, et comme un nombre infini de choses.

— Par conséquent s'il en est ainsi de l'unité, dis-je, cette même chose se produit aussi pour tout nombre ?

— Forcément.

— Or tout l'art du calcul, comme toute l'arithmétique, concerne le nombre.

— Exactement.

— Ces matières paraissent alors propres à mener [b] vers la vérité.

— Oui, extraordinairement propres à cela.

— Elles feraient donc partie, apparemment, des enseignements que nous recherchons. Car un homme de guerre, pour mettre l'armée en ordre de bataille, doit nécessairement les apprendre, et un philosophe aussi, car il lui faut s'attacher à ce qui est réellement en se dégageant du devenir, ou renoncer à jamais devenir apte à calculer.

— C'est cela, dit-il.

— Or notre gardien se trouve être à la fois homme de guerre et philosophe.

— Certes.

— Il serait alors approprié, Glaucon, de prescrire cet enseignement par une loi, et de convaincre ceux qui doivent avoir part à ce qu'il y a de plus important dans la cité, de se porter vers [c] l'art du calcul et de s'y appliquer, non pas en profanes, mais jusqu'à parvenir à la contemplation de la nature des nombres grâce à l'intelligence en elle-même, en pratiquant cet art non pas pour la vente et l'achat, comme des marchands ou des commerçants, mais en visant à la fois à faire la guerre, et à convertir plus aisément l'âme elle-même, du devenir à la vérité et à l'essence, à ce qui est.

— Tu dis très bien les choses, répondit-il.

— Et certes, dis-je, je conçois bien, maintenant qu'on a parlé de l'enseignement [d] du calcul, combien il est subtil, et utile pour nous à plus d'un titre, en vue de ce que nous désirons, à condition qu'on s'y applique en vue de connaître, et non en vue de commercer.

— En quoi ? demanda-t-il.

— Pour le résultat dont nous venons précisément de parler : c'est qu'il mène fermement l'âme vers le haut, et la contraint à dialoguer au sujet des nombres eux-mêmes, sans du tout accepter que dans le dialogue avec elle on lui propose des nombres qui aient des corps visibles ou tangibles. Tu sais en effet, n'est-ce pas, que ceux qui s'y entendent, [e] si on entreprend, par un argument, de couper l'unité elle-même, en rient et ne l'acceptent pas ; si toi tu en fais de la petite monnaie, eux la multiplient d'autant, pour éviter que l'unité puisse apparaître non plus comme un, mais comme un grand nombre de parties.

— Tu dis tout à fait vrai, dit-il.

— Alors, Glaucon, [526] si quelqu'un allait leur demander : « Hommes étonnants, quels sont ces nombres dont vous vous entretenez, dans lesquels l'unité est telle que selon vos axiomes, à savoir à chaque fois chacune égale à toute autre, sans la moindre différence, et ne comportant pas de partie en elle-même ? », que crois-tu qu'ils répondraient ?

— Ceci, d'après moi : c'est qu'ils s'entretiennent de nombres qu'il y a seulement lieu de concevoir, mais dont il n'est nullement possible de se saisir d'une autre façon.

— Vois-tu alors, mon ami, dis-je, que cet enseignement risque bien de nous être réellement nécessaire, puisqu'il [b] apparaît qu'il contraint l'âme à faire usage de l'intelligence en elle-même pour atteindre la vérité en elle-même ?

— Oui, en effet, dit-il, c'est exactement ce qu'il fait.

— Mais dis-moi : as-tu déjà observé que ceux qui sont naturellement aptes au calcul se montrent intelligents pour ainsi dire dans tous les autres enseignements, et que les élèves lents, pourvu qu'on les éduque et les exerce dans cet enseignement, et quand même ils n'y gagneraient aucun autre avantage, progressent cependant au moins en devenant tous plus intelligents qu'ils n'étaient ?

— Oui, c'est ce qui se passe, dit-il.

— Et sans nul doute, [c] à ce que je crois, des enseignements qui procurent plus de peine à celui qui l'apprend et qui s'y exerce que celui-là, on n'en trouverait ni facilement ni en grand nombre.

— Non, en effet.

— C'est donc pour toutes ces raisons qu'il ne faut pas négliger cet enseignement, mais que ceux dont les naturels sont les meilleurs doivent y être formés.

— Je suis du même avis que toi, dit-il.

— Que ce premier enseignement soit donc adopté par nous, dis-je ; mais examinons le deuxième, qui découle du premier, pour voir s'il nous convient en quoi que ce soit.

— Lequel ? demanda-t-il. Est-ce de la géométrie que tu veux parler ?

— C'est cela même, dis-je.

— Tout ce qui en elle, dit-il, [d] concerne la conduite de la guerre, il est visible que cela convient : en effet, pour installer les campements, s'emparer des places fortes, pour rassembler et déployer l'armée, et pour toutes les autres manœuvres des expéditions, à la fois lors des batailles elles-mêmes et lors des déplacements, il y aurait une différence entre un homme versé en géométrie, et un qui ne l'est pas.

— Mais à coup sûr, dis-je, pour de telles applications une petite dose de géométrie et de calcul suffirait. Ce qu'il faut examiner, c'est l'essentiel de la géométrie, ce qui en elle va plus loin, [e] pour voir si de quelque façon cela tend à ce but élevé : faire distinguer plus aisément l'idée du Bien. Or nous affirmons que tend à cela tout ce qui contraint l'âme à se tourner vers le lieu où est la partie la plus heureuse de ce qui est, ce qu'à tout prix elle doit regarder.

— Tu as raison, dit-il.

— Par conséquent si elle contraint à contempler l'essence, ce qui est, elle convient ; si c'est ce qui devient, elle ne convient pas.

— C'est bien en tout cas ce que nous affirmons.

— Or le point suivant en tout cas, [527] dis-je, ceux qui ont ne serait-ce qu'une petite expérience de la géométrie ne nous le disputeront pas : c'est que cette connaissance est tout à l'opposé de ce qu'en disent les discours tenus par ceux qui la pratiquent.

— Comment cela ? dit-il.

— C'est qu'ils en parlent de façon bien risible, et bien utilitaire : en effet, c'est comme des gens de pratique, et en vue d'une pratique, qu'ils produisent tous leurs énoncés, parlant de « porter au carré », d'« appliquer » et d'« additionner », et énonçant tout sur ce mode ; alors que tout cet enseignement, [b] on ne s'y exerce en fait que pour parvenir à la connaissance.

— Exactement, dit-il.

— Il nous faut donc tomber d'accord encore sur le point suivant ?

— Lequel ?

— Qu'on s'y exerce pour parvenir à la connaissance de ce qui est toujours, et non de ce qui à un certain moment naît et se défait.

— C'est aisé à accorder, dit-il. L'art géométrique, en effet, est connaissance de ce qui est toujours.

— Alors, noble ami, c'est qu'il est propre à tirer l'âme vers la vérité, et à façonner la réflexion philosophe pour lui faire orienter vers le haut ce qu'à présent nous orientons indûment vers le bas.

— Oui, autant que c'est possible, dit-il.

— Par conséquent, autant que c'est possible, dis-je, [c] il faut particulièrement prescrire à ceux qui sont dans ta Cité de Beauté[1] de ne s'écarter d'aucune façon de la géométrie ; d'ailleurs les avantages secondaires de cet enseignement ne sont pas négligeables.

— Lesquels ? dit-il.

— Ceux-là mêmes dont toi tu as parlé, dis-je, ceux qui concernent la guerre ; et en plus, pour toutes les disciplines, quand il s'agit de mieux les assimiler, nous savons bien qu'il y aura une différence générale et complète entre qui s'est attaché à la géométrie, et qui ne s'y est pas attaché.

— Générale, certes, par Zeus, dit-il.

— Allons-nous donc l'instituer comme deuxième enseignement pour les jeunes gens ?

— Oui, instituons-la, dit-il.

— Mais alors ? [d] en troisième lieu, allons-nous instituer l'astronomie ? N'est-ce pas là ton avis ?

— Si, c'est mon avis, dit-il. Car être en situation de bien percevoir à quel moment on en est du mois, et des années,

1. *Callipolis*, dit Platon, reprenant un nom qu'on avait donné à certaines villes neuves en Grèce.

cela convient non seulement à l'agriculture ou à la navigation, mais pas moins à la conduite d'une armée.

— Tu es délicieux, dis-je ; tu ressembles à qui aurait peur, devant la masse, de sembler prescrire des études sans utilité. Or ce qui n'est pas du tout peu de chose, mais qui est difficile à faire admettre, c'est que dans ces études un certain organe, dans l'âme de chacun, est purifié et ranimé à la fois, [e] organe qui est détruit et aveuglé par les autres occupations, alors qu'il serait plus important à sauvegarder que dix mille yeux : c'est par lui seul, en effet, que la vérité est vue. À ceux par conséquent qui partagent cet avis, tu donneras l'impression de parler merveilleusement bien ; mais ceux qui ne s'en sont d'aucune façon avisés penseront vraisemblablement que tu ne dis rien qui vaille, car ils ne voient aucun autre avantage qu'on puisse en retirer qui mérite d'être mentionné, à part l'utilité. Examine dès lors ici même avec lesquels tu dialogues ; ou bien [528] si ce n'est ni avec les uns, ni avec les autres, mais si c'est principalement pour toi-même que tu tiens ces discours, tout en ne les refusant pas jalousement à autrui, au cas où il pourrait en tirer quelque profit.

— C'est bien cela que je choisis, dit-il : que ce soit pour moi-même principalement que je parle, pose des questions, et donne des réponses.

— Alors reviens en arrière, dis-je. Car à l'instant nous n'avons pas pris correctement ce qui venait à la suite de la géométrie.

— Comment avons-nous fait ? dit-il.

— Après la surface, dis-je, nous avons pris le solide qui est déjà en mouvement, avant de le prendre tel qu'il est en lui-même ; [b] or ce qui est correct, c'est, après le passage à la deuxième dimension, de prendre à la suite le passage à la troisième. C'est à savoir, n'est-ce pas, ce qui concerne le passage à la dimension des cubes, et les objets qui participent de la profondeur.

— Oui, en effet, dit-il. Mais ces choses-là, Socrate, ne semblent pas avoir encore été découvertes.

— En effet, dis-je, et la cause en est double. D'une part, aucune cité ne les tenant en honneur, on les étudie sans énergie, du fait qu'elles sont difficiles ; d'autre part ceux qui les étudient ont besoin de quelqu'un qui les supervise, sans qui ils ne pourraient les découvrir ; or, en premier lieu, il est difficile qu'il se trouve un tel homme ; et ensuite, même s'il s'en trouvait un, dans l'état actuel des choses ceux qui sont doués pour cette recherche auraient une trop haute opinion d'eux-mêmes pour lui obéir. [c] Si en revanche une cité tout entière contribuait à cette supervision, en tenant ces choses en honneur, ils obéiraient, et ces questions, soumises à une recherche continue et soutenue, feraient apparaître ce qu'il en est : puisque même à présent, où elles sont méprisées et entravées par la masse, et même par ceux qui les étudient, qui ne comprennent pas en quoi consiste leur utilité, cependant, malgré tout cela, elles progressent en s'imposant grâce au charme qu'elles exercent, et il n'y a rien [d] d'étonnant à ce qu'elles soient venues au jour.

— Certes oui, dit-il, en tout cas elles ont du charme, et un charme exceptionnel. Mais explique-moi plus clairement ce dont tu parlais à l'instant. Tu as donc posé la géométrie comme ce qui s'occupe de la surface.

— Oui, dis-je.

— Ensuite, dit-il, tu as placé après elle en premier lieu l'astronomie ; et plus tard tu es revenu en arrière.

— En effet, dis-je, en me hâtant de tout parcourir trop rapidement, j'ai plutôt perdu du temps. À la suite vient en effet l'investigation concernant le passage à la profondeur ; parce que, sous l'angle de la recherche, elle est dans un état ridicule, je l'ai passée et après la géométrie, j'ai cité l'astronomie, qui concerne [e] le mouvement de ce qui a de la profondeur.

— Tu rapportes cela exactement, dit-il.

— Posons donc, dis-je, l'astronomie comme quatrième

enseignement, avec l'espoir que celui qu'à présent nous laissons de côté existera, pourvu qu'un jour une cité s'en occupe.

— Vraisemblablement, dit-il. Et puisqu'à l'instant, Socrate, tu m'as reproché, à propos de l'astronomie, d'en faire l'éloge de façon vulgaire, je vais en faire à présent l'éloge sur le mode sur lequel toi tu t'en occupes. [529] Il me semble qu'il est visible pour chacun qu'elle contraint l'âme à regarder vers le haut, et qu'elle la mène des choses de ce monde vers celles de là-bas.

— Peut-être, dis-je, est-ce visible pour tout un chacun, mais pas pour moi. Car moi, ce n'est pas mon avis.

— Alors quel est-il ? demanda-t-il.

— De la façon dont la prennent ceux qui la poussent vers la philosophie, il me semble qu'elle fait regarder tout à fait vers le bas.

— En quel sens dis-tu cela ? demanda-t-il.

— Ce n'est pas sans audace, dis-je, que tu me sembles concevoir en toi-même ce qu'est l'étude des choses d'en haut ! C'est comme si tu pensais [b] que quelqu'un qui renverserait la tête pour contempler des décorations variées sur un plafond, et y apprendrait quelque chose, contemplerait par l'intelligence, non par les yeux ! Peut-être d'ailleurs penses-tu bien, et moi de façon naïve. Car moi, de mon côté, je ne peux considérer comme propre à tourner le regard de l'âme vers le haut d'autre étude que celle qui concerne ce qui est réellement, l'invisible ; et si quelqu'un, regardant bouche bée vers le haut ou bouche close vers le bas, entreprenait d'étudier l'un des objets sensibles, j'affirme qu'il ne pourrait jamais rien apprendre — car aucune des choses de cet ordre ne comporte de savoir — et que son âme ne regarderait pas vers le haut, mais [c] vers le bas, même s'il cherchait à apprendre allongé sur le dos, que ce soit sur terre ou sur mer.

— J'ai là mon juste châtiment, dit-il. En effet, tu as eu raison de me faire ce reproche. Mais de quelle façon disais-tu qu'il fallait étudier l'astronomie, à l'encontre de la façon dont on l'étudie à présent, si on voulait l'étudier d'une façon qui profite à ce dont nous parlons ?

— De la façon suivante, dis-je : je disais que ces décorations variées qui sont dans le ciel, du fait que c'est sur le visible qu'elles ont été ouvragées, il faut penser que tout en étant les plus belles et [d] les plus exactes des choses de cet ordre, elles sont très inférieures aux véritables : à savoir les mouvements qu'emportent la vitesse réelle et la lenteur réelle l'une par rapport à l'autre, selon le nombre véritable, et selon toutes les configurations véritables, et qui emportent ce qui est en elles : choses qui peuvent être saisies par la parole et par la pensée, mais pas par la vue. Es-tu d'un autre avis ?

— Non, nullement, dit-il.

— Par conséquent, dis-je, il faut avoir recours à la variété des ornements du ciel comme à des modèles pour la connaissance qui vise ces réalités-là ; de la même façon que si on trouvait des dessins exceptionnels tracés [e] avec grand soin par Dédale[1] ou par quelque autre artisan ou dessinateur : celui qui a quelque peu l'expérience de la géométrie, en voyant de tels objets, penserait qu'ils sont sans doute d'une très belle exécution, mais qu'il serait certainement ridicule de les examiner sérieusement pour y saisir la vérité de ce qui est égal, double, [530] ou dans quelque autre proportion.

— Bien sûr, ce serait ridicule, dit-il.

— Celui dès lors qui est réellement spécialiste en astronomie, dis-je, ne crois-tu pas que c'est dans le même état d'esprit qu'il portera ses regards sur le mouvement des astres ? il considérera que sans doute la plus belle façon possible de faire tenir ensemble de tels ouvrages, c'est bien

---

1. Artisan légendaire, créateur du labyrinthe de Minos, sculpteur de statues si parfaites qu'on croyait qu'elles étaient animées (voir *Ménon*, 97d).

celle qu'a mise en œuvre l'artisan du ciel, à la fois pour le ciel lui-même et pour les objets qui s'y trouvent; mais s'agissant de la proportion de la nuit par rapport au jour, de l'une et de l'autre par rapport au mois, du mois par rapport à l'année, et des autres astres par rapport aux nôtres [b] et les uns par rapport aux autres, ne jugera-t-il pas absurde, selon toi, le comportement de celui qui estime que ces processus se produisent toujours de façon identique, sans jamais dévier en rien, alors qu'ils mettent en jeu un corps, et qu'ils sont visibles, et qui croit bon de chercher par tous les moyens à saisir leur vérité ?

— Si, c'est mon avis, dit-il, à présent que je t'entends exposer les choses.

— C'est donc en procédant par problèmes, dis-je, que nous étudierons l'astronomie, comme la géométrie; et ce qui se produit dans le ciel, nous le négligerons, si nous voulons [c] réellement, par notre fréquentation de l'astronomie, rendre utile, d'inutile qu'il était, l'élément qui dans l'âme est par nature apte à la pensée.

— Tu prescris là, dit-il, une tâche plusieurs fois plus importante que celle qui à présent est remplie par l'astronomie.

— Et je crois pour ma part, dis-je, que nous organiserons aussi les autres enseignements sur le même mode, si toutefois il y a quelque intérêt à nous avoir comme législateurs. Mais as-tu à mentionner quelque autre connaissance qui s'impose ?

— Non, je n'en ai pas, dit-il, en tout cas pas comme cela, pour l'instant.

— Cependant ce n'est pas une seule espèce, dis-je, mais plusieurs, que présente le mouvement, à ce que je crois. Pourra peut-être [d] toutes les mentionner celui qui s'y connaît; mais même à nous, il y en a deux qui s'imposent clairement.

— Lesquelles ?

— En plus de la précédente, dis-je, une autre qui lui fait pendant.

— Laquelle ?

— Il y a des chances, dis-je, que comme les yeux sont attachés à l'astronomie, de même les oreilles soient attachées au mouvement harmonique, et que ces connaissances soient sœurs l'une de l'autre, comme l'affirment à la fois les Pythagoriciens, et nous, Glaucon, qui les approuvons. N'est-ce pas notre attitude ?

— Si, c'est cela, dit-il.

— Par conséquent, dis-je, puisque cette tâche [e] est multiple, nous nous renseignerons auprès d'eux pour savoir comment ils parlent de ce sujet, et de tout autre sujet dont ils se trouvent parler en outre. Mais pour nous, dans tout cela, nous ferons en sorte de garder ce qui nous est propre.

— Qu'est-ce ?

— D'éviter que ceux que nous élevons entreprennent jamais d'apprendre là-dessus quoi que ce soit d'imparfait, et qui n'aboutisse pas à chaque fois au lieu où il faut que tout aboutisse, comme nous le disions à l'instant au sujet de l'astronomie. Ne sais-tu pas qu'en harmonie aussi on agit [531] d'une façon certes différente, mais analogue ? En effet, quand on mesure les accords et les sons entendus les uns par rapport aux autres, on s'y lance, comme les astronomes, dans des efforts sans terme.

— Par les dieux, dit-il, c'est aussi de façon certes ridicule qu'ils nomment certaines « densités »[1], et tendent l'oreille comme s'ils voulaient traquer les sons dans un environnement, les uns déclarant qu'ils perçoivent encore entre deux notes un certain son, et que c'est là l'intervalle le plus petit par rapport auquel il faut mesurer ; et les autres contestant cela et disant que ce son est semblable à ceux déjà émis ; et les uns et les autres plaçant [b] les oreilles avant l'intelligence.

1. Terme de la technique musicale grecque qui désignait les quarts de ton.

— Toi, dis-je, tu veux parler de ces braves gens qui tracassent les cordes et les torturent en les étirant sur les chevalets. Mais pour que l'image ne devienne pas trop longue, avec les coups de plectre qu'on donne, et l'accusation portée contre les cordes d'être réticentes ou vantardes, j'arrête là l'image, et j'affirme que ce n'est pas d'eux que je parle, mais de ceux dont nous avons dit à l'instant que nous leur poserions des questions sur l'harmonie. Car ils font la même chose qu'on fait en astronomie : [c] ils font des recherches sur les nombres dans les accords qu'on entend, sans s'élever jusqu'aux problèmes consistant à examiner quels nombres sont en accord, et lesquels ne le sont pas, et pourquoi ils le sont ou non.

— Tu désignes là, dit-il, une tâche prodigieuse !

— Utile en tout cas, dis-je, à la recherche du beau et du bien, mais inutile quand on la poursuit dans un autre dessein.

— C'est au moins vraisemblable, dit-il.

— Et je crois pour ma part, dis-je, que ce parcours à travers toutes les études que nous avons décrites, s'il [d] parvient jusqu'à ce qu'elles ont entre elles de commun et d'apparenté, et en conclut, par le raisonnement, en quoi elles sont apparentées les unes aux autres, contribuera partiellement à ce vers quoi nous voulons orienter cette préoccupation, et ce ne sera pas sans profit que nous aurons fait effort ; sinon, ç'aura été sans profit.

— Moi aussi, dit-il, c'est comme toi que je vois l'avenir. Mais c'est d'une entreprise énorme que tu parles, Socrate.

— Seulement de celle du prélude, dis-je. Ou alors de quoi ? Ne savons-nous pas que toutes ces choses ne sont que le prélude de l'air[1] même qu'il faut apprendre ? Car tu n'es sans doute pas d'avis, n'est-ce pas, que ceux qui s'y [e] entendent soient déjà les spécialistes du dialogue.

---

1. « L'air », ici, traduit *nomos*, qui signifie aussi « loi ». La dialectique est bien, en un sens, la législation de la cité idéale.

— Non, par Zeus, dit-il, sauf pour un bien petit nombre de ceux que moi j'ai rencontrés.

— Mais alors, dis-je, crois-tu que ceux qui ne sont capables ni de rendre ni d'entendre raison, connaîtront jamais rien de ce que nous affirmons qu'il faut connaître ?

— Cela non plus je ne le crois pas, dit-il.

[532] — Eh bien, Glaucon, dis-je, n'est-ce pas là dès lors l'air même que module la pratique du dialogue ? Cet air, bien qu'il soit intelligible, il se pourrait que la puissance de la vue l'imite : nous disions d'elle qu'elle essayait de considérer d'abord les êtres vivants en eux-mêmes, après cela les astres, et pour finir le soleil lui-même. De même aussi, chaque fois que quelqu'un, au moyen du dialogue, entreprend sans l'aide d'aucun des sens, de tendre par l'intermédiaire de l'argumentation vers cela même que chaque chose est, et qu'il ne s'arrête pas avant d'avoir saisi par la seule intelligence [b] ce que le bien est en lui-même, il parvient au terme même de l'intelligible, comme le premier, tout à l'heure, à celui du visible.

— Oui, exactement, dit-il.

— Or dis-moi : n'appelles-tu pas « dialectique » une telle démarche ?

— Si, bien sûr.

— Eh bien, dis-je, détacher les hommes de leurs liens, les faire se détourner des ombres pour les orienter vers les figurines et vers la lumière, et les faire remonter depuis le souterrain jusque vers le plein soleil ; et là, à cause de leur incapacité à porter déjà leurs regards sur les êtres vivants, les plantes et sur la lumière du soleil, [c] faire que leurs regards se portent plutôt sur les apparences divines[1] apparues à la surface de l'eau et sur les ombres des choses qui sont réellement, et non plus sur les ombres des figurines, ombres projetées par cette autre lumière qui, à en juger

1. « Divines », parce que naturelles ; s'opposent aux apparences intentionnelles, fabriquées par les hommes (voir *Sophiste,* 266b-d).

par comparaison avec le soleil, est elle-même comme une ombre ; eh bien c'est ce que toute la pratique des arts que nous avons détaillés possède la capacité de réaliser, à savoir de mener ce qu'il y a de meilleur dans l'âme vers la vision de ce qu'il y a d'excellent dans les choses qui sont réellement, de la même façon que tout à l'heure on élevait ce qu'il y a de plus clairvoyant dans le corps vers la contemplation de ce qu'il y a de plus éclatant dans le lieu [d] corporel et visible.

— Pour moi, dit-il, j'accepte cette présentation. Ce sont pourtant là, me semble-t-il, des perspectives tout à fait difficiles à accepter — et par ailleurs, d'une autre façon, difficiles à ne pas accepter. Cependant — car ce n'est pas seulement au moment présent que nous avons à les entendre exposer, mais nous aurons à nous y attaquer à nouveau de nombreuses fois — posons que les choses se passent comme elles sont présentées à présent, et passons à l'air lui-même, en le détaillant de la même façon que nous avons détaillé le prélude. Explique-moi donc quel est le caractère de la capacité de dialoguer, [e] en quelles espèces elle se divise, et aussi ce que sont ses démarches : car ces démarches, apparemment, pourraient être enfin celles qui conduisent au lieu même où celui qui y parviendrait trouverait l'interruption de son cheminement, et le terme de son voyage.

— Mon ami Glaucon, dis-je, tu ne seras plus [533] à même de m'y suivre — car pour ce qui me concerne en tout cas, l'empressement ne me ferait nullement défaut : c'est que tu ne verrais plus l'image de ce dont nous parlons, mais le vrai lui-même, en tout cas tel qu'il m'apparaît : qu'il soit réellement tel ou non, c'est là un point qui ne mérite pas encore d'être tranché avec assurance ; mais qu'il y ait quelque chose de cet ordre à voir, cela on peut l'assurer. N'est-ce pas ?

— Oui, bien sûr.

— Par conséquent aussi que c'est la capacité de dialoguer qui serait seule capable de faire apparaître cela à qui est versé dans les disciplines que nous avons exposées, et que ce ne serait possible par aucune autre voie ?

— Oui, dit-il, cela aussi il y a lieu de l'assurer.

— Sur le point suivant en tout cas, dis-je, personne [b] ne nous contestera quand nous disons qu'existe un certain autre parcours qui entreprend, en suivant un cheminement précis, de saisir à propos de toute chose, concernant chacune en elle-même, ce que chacune est réellement. Tous les autres arts au contraire, ou bien s'orientent en fonction des opinions des hommes et de leurs désirs, ou bien envisagent tous le développement et la « composition » des choses, ou bien les soins à donner aux êtres qui croissent naturellement ou aux choses qui sont composées synthétiquement ; quant aux arts restants, dont nous avons affirmé qu'ils saisissent quelque chose de ce qui est réellement, je veux dire la géométrie et les arts [c] qui lui font suite, nous voyons que ce ne sont que des songes qu'on fait à propos de ce qui est réellement, mais qu'il leur sera impossible d'y voir aussi clair que dans la veille, tant qu'ils garderont intangibles les hypothèses dont ils se servent, et dont ils ne sont pas capables de rendre raison. Car celui qui a pour point de départ quelque chose qu'il ne connaît pas, et dont le point d'aboutissement et les étapes intermédiaires sont enchaînés à partir de quelque chose qu'il ne connaît pas, comment pourrait-il bien, en accordant ensemble de tels éléments, parvenir jamais à un savoir ?

— D'aucune façon, dit-il.

— Par conséquent, dis-je, le parcours « dialectique » est le seul à progresser ainsi, en supprimant les hypothèses et en remontant jusqu'au point de départ lui-même, pour y gagner en solidité, et le seul qui réellement [d] tire en douceur l'œil de l'âme, enfoui dans quelque bourbier barbare [1],

1. En grec *en borborôi barbarikôi.* C'est une image de poésie orphique, voir livre 2, 363d.

et l'entraîne vers le haut, en ayant recours, pour l'aider à opérer sa conversion, aux arts que nous avons détaillés. Ces derniers, nous les avons souvent désignés du nom de « savoirs », à cause de l'usage, mais il leur faut un autre nom qui indique plus de clarté qu'il n'y en a dans l'opinion, mais plus de trouble que dans le savoir — dans ce qui précède, c'est ce que nous avons quelque part défini comme « la pensée » ; mais il n'y a pas lieu, à ce qu'il me semble, d'ouvrir une controverse sur le nom, quand on a [e] à examiner des choses aussi importantes que celles que nous avons devant nous.

— Non, en effet, dit-il.

[— Alors suffira ce qui fait seulement voir comment désigner avec clarté l'état qui est dans l'âme ?

— Oui [1]].

— Il suffira donc, dis-je, comme auparavant, de nommer la première section « savoir » [2], la deuxième « pensée », [534] la troisième « conviction », et « faculté de se fonder sur les ressemblances » la quatrième ; de nommer ces deux dernières prises ensemble « opinion », et les deux premières ensemble « intelligence » [3], et de dire que l'opinion vise le devenir, tandis que l'intelligence vise ce qui est, l'essence ; que ce que l'essence est par rapport au devenir, l'intelligence l'est par rapport à l'opinion, et ce que l'intelligence est par rapport à l'opinion, le savoir l'est par rapport à la conviction, et la pensée par rapport à la faculté de se fonder sur les ressemblances ; et quant aux rapports proportionnels entre les choses auxquelles ces capacités se rapportent, et à la division en deux de chaque section, celle de ce qui est opiné, et celle de l'intelligible, laissons cela, Glaucon, pour

---

1. Il n'est pas sûr que le texte entre crochets soit de Platon.
2. En 511d, correspondait à cette première section l'« intelligence ».
3. En 510a, correspondait à ces deux premières sections « ce qui est connu », opposé à « ce qui est opiné » (les deux sections inférieures).

ne pas nous encombrer d'arguments cent fois plus lourds que ceux par lesquels nous sommes passés.

[b] — Eh bien moi en tout cas, dit-il, pour autant que je puisse suivre, je suis dans l'ensemble du même avis que toi.

— Est-ce que tu acceptes aussi de nommer « spécialiste du dialogue » [dialecticien], celui qui saisit la raison de ce qu'est chaque chose ? et pour celui qui ne la possède pas, diras-tu que moins il est capable d'en rendre raison à lui-même et à autrui, moins il a, de cette chose, l'intelligence ?

— Oui, dit-il, car comment pourrais-je dire qu'il l'a ?

— Or au sujet du bien aussi il en va de même. L'homme qui n'est pas capable de distinguer par le discours l'idée du bien, en la séparant de toutes les autres, et [c] de passer, comme dans un combat, à travers toutes les réfutations, en s'employant à les réfuter non pas en se fondant sur l'apparence, mais sur l'essence, sur ce qui est, l'homme qui ne se fraie pas un passage à travers tous ces obstacles grâce à un discours qui ne faillit pas, n'affirmeras-tu pas que s'il se comporte ainsi, c'est qu'il ne connaît pas le Bien lui-même, ni aucun autre bien d'ailleurs, mais que, si de quelque côté il touche à son reflet, il y touche par une opinion, pas par un savoir ; et que, parcourant en rêve et en dormant sa vie présente, avant même d'avoir pu s'éveiller ici-bas il parviendra d'abord chez Hadès [d] pour s'y assoupir complètement ?

— Par Zeus, dit-il, c'est exactement ce que j'affirmerai.

— Cependant ces enfants qui sont à toi, que tu élèves et éduques en paroles, si un jour tu devais les élever en fait, tu ne les laisserais pas, à ce que je crois, quand ils sont aussi dépourvus de raison que des lignes irrationnelles[1], diriger dans la cité et être maîtres de ce qui s'y trouve de plus important.

— Non, en effet, dit-il.

---

1. Par exemple, la diagonale d'un carré de côté 1 : son rapport (racine de 2) est incommensurable avec ce côté.

— Alors leur prescriras-tu par une loi d'avoir à se saisir surtout de l'éducation apte à les rendre capables d'interroger et de répondre de la façon la plus compétente ?

— Oui, dit-il, j'établirai cette loi, [e] avec toi en tout cas.

— C'est donc qu'il te semble, dis-je, que la dialectique est placée en haut, comme au faîte de nos enseignements, et qu'il ne serait pas correct de placer un autre enseignement plus haut qu'elle, mais que l'exposé concernant les enseignements atteint ici son [535] terme ?

— Oui, il me le semble, dit-il.

— Alors, dis-je, c'est la répartition qu'il te reste à faire : à savoir à qui nous donnerons ces enseignements, et de quelle manière.

— Oui, visiblement, dit-il.

— Or tu te rappelles, dans la sélection antérieure des dirigeants, lesquels nous avions sélectionnés ?

— Comment ne pas s'en souvenir ? dit-il.

— Eh bien pour l'essentiel, dis-je, considère que ce sont bien ces natures-là qu'il faut sélectionner : en effet il faut préférer les plus fermes et les plus virils, et autant que possible ceux qui ont la plus belle apparence ; mais qu'outre cela il faut rechercher [b] des hommes au caractère non seulement noble et vaillant, mais qui devront aussi posséder, dans leur nature, des éléments propices à cette éducation.

— Comment les détermines-tu ?

— Il faut, homme bienheureux, dis-je, qu'ils aient un vif goût de l'étude, et qu'ils n'aient pas de difficulté à apprendre. Car sans aucun doute les âmes sont bien plus intimidées par les études exigeantes que par les exercices gymniques exigeants : c'est que l'effort les concerne plus en propre, leur est particulier, et qu'elles ne le partagent pas avec le corps.

— C'est vrai, dit-il.

— Et il faut aussi chercher un individu qui ait de la mémoire, qui soit infatigable, et [c] qui ait du goût pour toutes les sortes d'efforts. Comment sinon crois-tu que quelqu'un consentira à la fois à endurer les efforts du corps, et à accomplir un tel apprentissage et un tel exercice ?

— Personne n'y consentira, dit-il, à moins qu'il ne soit naturellement bien doué à tous égards.

— Or l'erreur d'aujourd'hui, dis-je (et c'est à cause de cela que le discrédit est tombé sur la philosophie), comme nous l'avons dit auparavant, c'est qu'on s'y attache sans être digne d'elle ; car il faudrait que s'y attachent non des bâtards, mais des fils authentiques.

— En quel sens dis-tu cela ?

— En premier lieu, dis-je, il faut [d] que celui qui veut s'y attacher ne boite pas dans son goût de l'effort, l'aimant à moitié et le détestant à moitié. Or c'est ce qui a lieu lorsque quelqu'un a du goût pour l'exercice gymnique, pour la chasse, et pour tous les efforts qui mettent en jeu le corps, mais qu'il n'a pas de goût pour l'étude, n'aime pas écouter, ni n'est doué pour la recherche, mais hait l'effort dans tous ces domaines. Et j'appelle aussi boiteux celui dont l'amour de l'effort est orienté en sens contraire.

— Tu dis tout à fait vrai, dit-il.

— Par conséquent par rapport à la vérité aussi, dis-je, nous considérerons de la même façon comme mutilée l'âme [e] qui certes hait la fausseté délibérée, et la supporte difficilement elle-même, et s'indigne vivement quand d'autres disent le faux, mais qui accepte de bonne humeur la fausseté involontaire, et qui, lorsqu'elle est convaincue d'ignorance sur quelque point, ne s'en indigne pas, mais se vautre sans façons dans son ignorance, comme un porc bestial ?

[536] — Oui, exactement, dit-il.

— Et par rapport à la tempérance aussi, dis-je, à la virilité, à la hauteur de vues, et à toutes les parties de l'excellence, il ne faut pas moins prendre garde à distinguer qui est bâtard, et qui est authentique. Car lorsqu'on ne sait pas examiner ce genre de questions, qu'on soit un individu ou une cité, on a recours, sans s'en apercevoir, à des boiteux et à des bâtards pour ce dont on se trouve avoir besoin, en les prenant comme amis, ou comme dirigeants.

— C'est exactement ainsi qu'il en va, dit-il.

— Il nous faut donc, dis-je, prendre bien soin de toutes ces choses. [b] Car si ce sont des hommes aux membres et à l'esprit droits que nous éduquons, après les avoir amenés à un enseignement et à un exercice si difficiles, la justice elle-même ne pourra nous blâmer, et nous préserverons à la fois la cité et le régime politique ; tandis que si ce sont des gens d'autre sorte que nous y menons, nous aboutirons au résultat tout à fait opposé, tout en faisant déverser encore plus de ridicule sur la philosophie.

— Oui, ce serait assurément déshonorant, dit-il.

— Exactement, dis-je ; mais j'ai l'impression que c'est moi-même aussi, pour l'instant, qui suis ridicule.

— En quoi ? dit-il.

— J'avais oublié, dis-je, [c] que nous étions en train de jouer, et j'ai trop haussé le ton. En effet, en parlant j'ai regardé du côté de la philosophie, et en la voyant indignement couverte de boue, il me semble que je me suis emporté, et que j'ai dit ce que j'ai dit en me mettant en colère contre ceux qui en sont la cause, avec trop de sérieux.

— Non, par Zeus, dit-il, en tout cas pas à mon avis d'auditeur.

— Mais à mon avis à moi d'orateur, dis-je. Cependant n'oublions pas ceci : dans notre sélection précédente nous avons sélectionné les vieillards, tandis que dans celle-ci ce ne sera pas acceptable. En effet [d] il ne faut pas en croire Solon quand il dit qu'en vieillissant on est capable de beaucoup apprendre : non, on en est encore moins capable que de courir ; c'est aux jeunes que reviennent tous les efforts intenses et fréquents.

— Nécessairement, dit-il.

— Par conséquent ce qui touche aux calculs, à la géométrie, et à tout l'enseignement préalable qui doit être donné avant la dialectique, il faut le leur proposer quand ils sont enfants, sans donner à l'enseignement l'allure d'une contrainte à apprendre.

— Pourquoi donc ?

— Parce que, dis-je, il faut que l'homme [e] libre ne suive aucun enseignement dans un climat d'esclavage. Les efforts du corps, en effet, quand ils sont imposés par la force, ne peuvent pas faire de mal au corps ; tandis qu'aucun enseignement, s'il est imposé à l'âme par la force, ne peut s'y maintenir.

— C'est vrai, dit-il.

— N'aie donc pas recours à la force, homme excellent, dis-je, pour mener les enfants dans leurs études, mais aux [537] jeux, de façon à être plus à même de distinguer pour quoi chacun est naturellement doué.

— Ce que tu dis est raisonnable, dit-il.

— Or te souviens-tu, dis-je, que nous avons affirmé qu'il fallait mener les enfants même à la guerre, sur des chevaux, pour qu'ils en aient le spectacle, et que si c'était à peu près sans risque, il fallait en outre les amener à proximité du combat et leur faire goûter le sang, comme aux chiots ?

— Je m'en souviens, dit-il.

— Dès lors, en toutes ces choses, dis-je, les exercices pénibles, les études, et les situations dangereuses, celui qui à chaque fois apparaîtra comme le plus alerte, il faudra le sélectionner dans un groupe à part.

[b] — À quel âge ? dit-il.

— Lorsqu'on leur laissera abandonner les exercices gymniques obligatoires, dis-je ; car dans la période précédente, qu'elle soit de deux ou de trois ans, il était impossible de faire quoi que ce soit d'autre ; fatigue et sommeil, en effet, sont ennemis des études. Et en même temps ce sera l'une des épreuves, et pas la moindre, que de voir quelle valeur chacun aura montrée au cours des exercices gymniques.

— Oui, forcément, dit-il.

— Donc, après cette période, dis-je, ceux des jeunes âgés de vingt ans qu'on aura sélectionnés recevront des honneurs plus grands que les autres, et les enseignements [c] que, dans leur éducation d'enfants, on leur avait présentés pêle-mêle, il faudra les rassembler de façon à leur donner une vue synoptique de la parenté des enseignements les uns avec les autres, et avec la nature de ce qui est réellement.

— Certes, dit-il, seul un tel enseignement peut rester ferme, chez ceux en qui il est introduit.

— Et c'est aussi, dis-je, le meilleur moyen de mettre à l'épreuve le naturel doué pour le dialogue, dialectique, pour le distinguer de celui qui ne l'est pas ; car celui qui est capable d'avoir une vue synoptique est dialecticien, l'autre non.

— Je le crois comme toi, dit-il.

— Il faudra donc, dis-je, que tu les soumettes à un examen sur ces points, [d] pour savoir lesquels parmi eux correspondront le mieux à ces exigences : d'être constants dans les études, mais constants aussi à la guerre et dans les autres obligations légales ; ce sont ceux-là, lorsqu'ils auront passé les trente ans, qu'il faudra préférer parmi ceux déjà préférés, porter à de plus grands honneurs ; et il faudra déterminer, en mettant à l'épreuve leur faculté de dialoguer, lequel est capable, en se passant des yeux et du reste des organes de la perception, d'aller avec vérité vers cela même qui est réellement. Et c'est là une tâche qui demande grande vigilance, mon camarade.

— Pourquoi particulièrement ? dit-il.

— Tu ne remarques pas, [e] dis-je, l'ampleur du mal qui atteint à présent l'activité dialectique ?

— Lequel ? dit-il.

— En quelque sorte, dis-je, les gens s'y emplissent de mépris des lois.

— Oui, exactement, dit-il.

— Or trouves-tu étonnant que cela leur arrive, et ne le leur pardonnes-tu pas ?

— Par quel biais au juste ? dit-il.

— C'est, dis-je, comme si un enfant adopté élevé parmi de grandes richesses, au milieu d'une parentèle [538] nombreuse et importante et de nombreux flatteurs, s'apercevait, devenu homme, qu'il n'est pas l'enfant de ceux qui affirment être ses parents, sans pour autant découvrir ceux qui l'ont réellement engendré : peux-tu imaginer ce que serait son état d'esprit envers les flatteurs, et envers ceux qui sont ses parents adoptifs, à l'époque où il ne connaissait pas l'affaire de la substitution, et à celle où au contraire il la connaît ? Ou bien veux-tu entendre comment je l'imagine ?

— Oui, c'est ce que je préfère, dit-il.

— J'imagine donc, dis-je, qu'à l'époque où il ne saurait pas il honorerait plus son père et sa [b] mère et les autres qui semblent être ses parents, que les flatteurs ; qu'il les négligerait moins quand ils ont quelque besoin, qu'il irait moins agir ou parler contre eux en violation des lois ; qu'il refuserait moins de leur obéir, sur les choses importantes, qu'aux flatteurs.

— C'est vraisemblable, dit-il.

— En revanche, une fois qu'il se sera aperçu de ce qu'il en est, j'imagine qu'au contraire, vis-à-vis des premiers, ses marques d'honneur et le sérieux de son zèle se relâcheraient, tandis que vis-à-vis des flatteurs ils s'intensifieraient, qu'à la fois il obéirait à ces derniers incomparablement plus qu'auparavant, [c] et vivrait désormais conformément à leurs vœux, et les fréquenterait sans se cacher, mais que du père de jadis, et de ses autres prétendus parents, à moins qu'il ne soit par nature tout à fait admirable, il ne tiendrait aucun compte.

— Ce que tu racontes, dit-il, est tout à fait ce qui se produirait. Mais de quelle façon cette image s'applique-t-elle à ceux qui s'attachent aux dialogues ?

— De la façon suivante. Nous avons depuis l'enfance, n'est-ce pas, des croyances au sujet de ce qui est juste, et de ce qui est beau, dans lesquelles nous avons été élevés comme par des parents, obéissant à ces croyances comme à des dirigeants, et les honorant.

— Oui, nous les avons.

— Or il y a aussi [d] d'autres pratiques, opposées à ces croyances, et porteuses de plaisirs, qui flattent notre âme et l'attirent à elles, sans convaincre ceux qui sont un tant soit peu mesurés ; ces derniers honorent les croyances « paternelles », et leur obéissent comme à des dirigeants.

— C'est cela.

— Mais dis-moi, repris-je. Lorsqu'à un homme qui se comporte ainsi on pose la question : qu'est-ce que le convenable ? et qu'ayant répondu ce qu'il a entendu du législateur, il voit sa parole réfutée ; et qu'en le réfutant souvent et de nombreuses façons on le réduit à l'opinion que ce qu'il a nommé tel [e] n'est en rien plutôt convenable que déshonorant, et de même pour ce qui est juste, ce qui est bon, et ce qu'il tenait le plus en honneur, après cela comment crois-tu qu'il se comportera par rapport à ces valeurs, pour ce qui est de les honorer et de leur obéir comme à des dirigeants ?

— Nécessairement, dit-il, il ne les honorera ni ne leur obéira plus autant.

— Or, dis-je, lorsqu'il considérera que ces choses ne sont ni honorables, ni ses parentes comme auparavant, sans avoir pour autant découvert le vrai, est-il vraisemblable qu'il s'oriente [539] vers quelque autre vie que vers celle qui le flatte ?

— Non, cela ne se peut, dit-il.

— Dès lors, je crois, il donnera l'impression de mépriser la loi, lui qui la respectait.

— Nécessairement.

— Par conséquent, dis-je, ce qui arrive à ceux qui s'attachent ainsi aux dialogues est normal, et, comme je le disais à l'instant, cela mérite tout à fait le pardon.

— Et la pitié, dit-il.

— Par conséquent, pour que cette pitié n'ait pas à

s'exercer envers ces hommes de trente ans, il te faudra prendre toutes les précautions quand tu les mettras aux dialogues ?

— Oui, exactement, dit-il.

— Eh bien n'est-ce pas déjà une précaution essentielle, que d'éviter [b] qu'ils n'y goûtent dès leur jeunesse ? Car, je crois, tu n'as pas été sans t'apercevoir que les tout jeunes gens, lorsqu'ils goûtent pour la première fois aux échanges d'arguments, en font un usage pervers, comme d'un jeu, s'en servant toujours pour contredire, et qu'en imitant ceux qui réfutent, eux-mêmes en réfutent d'autres, prenant plaisir, comme de jeunes chiens, à tirer et à déchiqueter par la parole quiconque se trouve près d'eux.

— Oui, un plaisir extraordinaire.

— Dès lors, lorsqu'ils ont eux-mêmes réfuté beaucoup de gens, et qu'ils ont été réfutés par beaucoup, ils se jettent [c] vite, et violemment, dans le refus de rien penser de ce qu'ils pensaient auparavant ; et en conséquence eux-mêmes, aussi bien que tout ce qui touche à la philosophie, se trouvent déconsidérés aux yeux des gens.

— C'est tout à fait vrai, dit-il.

— Tandis qu'un homme plus âgé, dis-je, ne consentirait pas à participer d'un tel délire ; il imitera celui qui veut dialoguer pour examiner le vrai, plutôt que celui qui, pour s'amuser, joue à contredire : il sera plus mesuré [d] lui-même, et du coup il rendra cette occupation plus honorable, au lieu de la déconsidérer.

— C'est exact, dit-il.

— Or tout ce que nous avions dit auparavant sur ce point, visait aussi à cette précaution : quand nous disions que devaient être ordonnés et stables les naturels auxquels on accorderait de prendre part aux dialogues, et que ce ne serait pas comme à présent le premier venu, celui qui ne convient nullement, qui pourrait aborder cela ?

— Oui, exactement, dit-il.

— Cela suffit-il donc, pour ce qui est de la participation

aux dialogues, de s'y tenir continûment et avec intensité, sans rien faire d'autre, mais en s'y exerçant « gymniquement » d'une façon qui fasse pendant aux exercices gymniques du corps, durant deux fois plus d'années que pour ceux-là ?

[e] — Veux-tu dire six ans, dit-il, ou quatre ?

— Peu importe, dis-je, mettons cinq. Car après cela tu devras les faire redescendre dans la caverne de tout à l'heure, et les contraindre à exercer la direction dans le domaine de la guerre, et dans toutes les fonctions de direction propres aux jeunes gens, pour qu'en matière d'expérience non plus ils n'aient pas de retard sur les autres. Et il faudra encore, là aussi, les éprouver pour voir si, quand ils seront tiraillés de tous côtés, [540] ils resteront fermes ou se laisseront ébranler.

— Et quelle durée, dit-il, assignes-tu à cela ?

— Quinze ans, dis-je. Et quand ils auront atteint cinquante ans, ceux d'entre eux qui seront restés intacts et auront excellé de toutes les manières et en tout point, dans l'action et dans le savoir, il faudra enfin les pousser vers le terme, et les contraindre, en relevant ce qu'il y a d'éclatant dans leur âme, à porter leurs regards sur ce qui procure de la lumière à toutes choses, et à regarder le bien lui-même, pour avoir recours à lui comme à un modèle, et ordonner à la fois la cité, les particuliers, [b] et eux-mêmes, pendant le reste de leur vie, chacun à son tour : qu'ils consacrent la plupart du temps à la philosophie, mais lorsque vient leur tour, qu'ils viennent trimer dans les choses politiques, et que chacun dirige dans l'intérêt de la cité, en faisant cela non pas comme quelque chose d'honorable, mais comme une tâche nécessaire ; qu'ayant ainsi éduqué à chaque fois d'autres hommes pour les rendre tels qu'eux-mêmes, ils les laissent à leur place comme gardiens de la cité, et partent résider dans les îles des bienheureux. Et que la cité leur accorde des monuments, et des sacrifices, [c] à frais publics, comme à des Génies, si toutefois la Pythie l'approuve, et sinon comme à des êtres à la fois heureux et divins.

— Ils sont très beaux, Socrate, dit-il, les dirigeants que, comme un sculpteur de statues, tu as fabriqués là.

— Et les dirigeantes aussi, Glaucon, dis-je. Car ne crois nullement que ce que j'ai dit concerne plus les hommes que les femmes, celles des femmes du moins qui naissent avec des natures satisfaisantes.

— Tu as raison, dit-il, si en effet elles doivent avoir tout en commun à égalité avec les hommes, comme nous l'avons exposé.

— Mais [d] voyons, dis-je. Êtes-vous d'accord que ce que nous avons décrit au sujet de la cité et du régime politique n'était pas un vœu pieux : c'était certes difficile, mais c'était réalisable de quelque façon, et pas d'une autre que celle qui a été dite, à savoir lorsque ceux qui sont véritablement philosophes, devenus soit à plusieurs, soit un seul, détenteurs du pouvoir dans une cité, mépriseront les honneurs d'à présent, jugeant qu'ils sont incompatibles avec la liberté et ne valent rien, mais auront la plus haute estime pour la rectitude, et pour les honneurs qui en proviennent, [e] considérant comme le plus important et le plus nécessaire ce qui est juste ; et qu'ils se mettront donc à son service en le favorisant pour organiser leur propre cité ?

— De quelle façon ? dit-il.

— Ceux qui dans la cité, dis-je, se trouveront avoir plus de dix ans, ils les expulseront tous [541] vers la campagne, et ils mettront leurs propres enfants à l'abri des mœurs d'à présent, qui sont précisément celles de leurs parents, pour pouvoir les élever selon leurs mœurs et leurs lois propres, à savoir celles que nous avons exposées tout à l'heure ; c'est ainsi, n'est-ce pas, que la cité, avec le régime politique mis en place, pourra, de la façon la plus rapide et la plus aisée, connaître le bonheur elle-même, tandis que le peuple chez qui elle sera installée en tirera le plus grand profit ?

— Exactement ainsi, [b] dit-il. Et tu me sembles, Socrate,

avoir bien découvert de quelle façon cela pourrait se produire, si cela se produisait jamais.

— Eh bien, dis-je, ne sont-ils pas suffisants, nos échanges d'arguments au sujet de cette cité, comme de l'homme qui lui est semblable ? Car on voit assez, n'est-ce pas, comment nous affirmerons qu'il doit être, lui aussi.

— On le voit, dit-il. Et la question que tu mentionnes me semble être parvenue à son terme.

Du tableau au texte

Seloua Luste Boulbina

Du tableau au texte

Winston Churchill peintre
d'Eduardo Arroyo

… vocations contrariées ?…

Winston Churchill peintre ? En 1969, Eduardo Arroyo a consacré au grand homme une huile sur toile de 2,20 mètres sur 1,80 mètre. Que voit-on ? Une ombre est assise sur un fauteuil de jardin, un fauteuil anglais en corde ou en rotin. Une ombre, pas vraiment. L'artiste se joue des codes en vigueur. C'est une silhouette vêtue de bleu, pardessus, grand manteau, voire robe de chambre. C'est un profil, un cigare à la bouche. Il porte un chapeau qui est lui-même une ombre bordée, discrètement, de jaune, à moins qu'il ne porte tout simplement un chapeau noir et jaune. Un parasol, ou une ombre de parasol, le protège du soleil. L'homme lui tourne le dos. Il est face à une toile blanche. Il tient, de la main droite, un crayon. Que s'apprête-t-il à dessiner sur la feuille blanche ? À sa droite, un échantillon de couleurs sur une palette en bois brun. Comme dans les tableaux de la Renaissance, les couleurs qui dominent sont primaires : jaune, rouge, et, surtout, bleu, qui atteste de la noblesse du personnage représenté. Winston Churchill, le grand homme, le politique, était un peintre du dimanche, un peintre de chevalet, un peintre amateur qui, à ses moments perdus, s'exerçait à contempler un paysage et à en composer un tableau : une imitation.

Eduardo Arroyo peintre ? Il souhaitait devenir journaliste. Il naît, à Madrid, au moment de la guerre civile, en 1937, et grandit sous le franquisme. Quand il découvre Jean-Paul Sartre et Albert Camus, qui sont alors interdits en Espagne, c'est dans une édition argentine. Il arrive à Paris en 1958 et devient peintre. Napoléon est l'un de ses premiers sujets : Napoléon, en effet, n'est pas seulement une image, c'est aussi une icône historique et politique. Le peintre est loin de l'abstraction. Les faux-semblants politiques lui sont intolérables et ce sont eux qu'il met en scène et tourne en dérision dans ses toiles. C'est pourquoi Jorge Semprun dira de lui : « Ce n'est pas la jouissance esthétique qu'Arroyo cherche à procurer mais la joie morale — critique, ironique, insolente — que fait naître la destruction des mythes espagnols, privés ou publics, qui s'opère sous nos yeux, tout au long d'une série de tableaux qui constituent une véritable séquence autobiographique et historique. » Le pinceau d'Arroyo est trempé dans les couleurs de l'ironie.

Platon peintre ? Il est devenu philosophe mais la peinture, à l'évidence, l'intéresse. S'il s'éloigne et des peintres et des poètes, il les connaît pourtant intimement. Socrate lui-même ne raconte-t-il pas, dans le *Phédon* de Platon, que son *daïmon* lui a enjoint de devenir artiste ? Ne décrit-il pas son incertitude et ne dit-il pas, pour finir, que la philosophie est la plus haute musique, plaçant ainsi son activité du côté de l'abstraction plutôt que de la figuration mimétique ? Dans la *République*, la musique est présentée comme un élément indispensable à la formation d'un bon gardien de la Cité. La poésie, en revanche, doit être radicalement bannie car « toutes les œuvres de ce genre déforment l'esprit de leur auditoire, à moins que ceux qui les entendent ne possèdent l'antidote, c'est-à-dire la connaissance de ce qu'elles sont réellement ». L'imitation : c'est un cadeau empoisonné. La peinture n'imite pas même la vérité : elle imite seulement l'apparence. Ce qu'elle nous donne à voir, dans la conception que Platon développe dans la *République*, ce sont des simulacres. Parce que la vérité échappe aux artistes, parce qu'ils l'ignorent, la politique doit s'en éloigner le plus possible et se fonder, non pas sur des images et des mythes, mais sur la réalité des choses.

... pour savoir, il faut partir...

C'est exactement ce à quoi Eduardo Arroyo s'emploie. Dans *The Loup River*, réalisé en 1970, un tableau de même format que *Winston Churchill peintre*, l'homme d'État n'est plus de profil, en ombre de la caverne, mais de dos, rivé à son siège, devant un paysage sombre, indistinct, vert foncé et noir. À ses pieds, un parterre de couleurs mélangées dont émergent quelques jaunes vifs, quelques bleus pâles, quelques rouges. « Hommage au peintre Winston Churchill », selon Arroyo lui-même, ces portraits du politique en peintre, ces autoportraits du peintre en politique donnent à penser. Quels sont les moyens et les fins ? De quels instruments disposer ? Les pinceaux, les palettes, les chevalets sont-ils des objets de culte ? Les tableaux sont tous polémiques et critiques. Ce sont des tableaux d'exil. Loin de sa patrie, loin de sa langue première, loin de ses « origines », Arroyo tourne fermement le dos à tout ce qui, dans l'histoire et la politique, est factice, empreint de fausseté. Il a quitté la caverne espagnole du général Franco. Il a été forcé de partir. Il a pu voir plus et mieux. Quand il est enfin rentré, il a été emprisonné avant de pouvoir obtenir, en France, le statut de réfugié politique.

« La meilleure école pour la dialectique, c'est l'émigration, écrivait Bertolt Brecht. Les dialecticiens les plus pénétrants sont les exilés. Ce sont les changements qui les ont forcés à s'exiler et ils ne s'intéressent qu'aux changements. » En 1975, Arroyo présente une huile sur toile intitulée *Les Peintres aveugles*. Deux hommes bien vêtus, en souliers vernis, pardessus noirs, chapeaux élégants, portant des gants et tenant chacun une canne, semblent regarder quelque chose. Ils se tiennent sur une grande toile blanche clouée au sol. L'un des deux enserre de ses doigts deux pinceaux, coloré de bleu pour l'un, de rouge pour l'autre. C'est lui qui désigne, de sa canne, ce que l'on ne peut voir dans le tableau. Le visage des deux hommes est constellé de taches : bariolé. Les traits se sont effacés sous la multiplicité des couleurs. Qui est aveugle est sans visage. Un jour viendra où l'exil prendra fin. Arroyo peint alors *Réflexions sur l'exil, Irun-Hendaye* (1976), *Les Souliers de l'exil* (1970), *Heureux qui comme Ulysse a fait un long voyage* (1977) ou encore *Le Retour des exilés* (1977). Mais surtout, dépaysé, il peint un paysage du retour qu'il intitule *Dé-paysage*... Comme le montre Platon au livre 7 de la *République*, l'exil et la vérité ont partie liée. Pour savoir, il faut partir. Rester, au contraire, c'est croire. Lorsque Arroyo présente son *Peintre enchaîné à son propre langage* (1974), il montre un homme, de face, pourvu de tous ses attributs sociaux habituels, son costume, sa cravate, son pardessus, sa chemise impeccable, ses souliers bien cirés, assis sur un fauteuil, menotté. Un homme attaché à son assise, un homme condamné à demeurer à la même place, un homme immobilisé : figé dans son rôle. Les vêtements sont peints, la peau, quant à elle, est multicolore. Les prisonniers platoniciens sont eux aussi, tel le peintre, enchaînés à leur propre langage. Ils sont également attachés — dans tous les sens de ce terme — où ils sont, à ce qu'ils sont, à ce qu'ils ont; enfin, à ce qu'ils sont capables de faire. L'allégorie les montre ignorants d'eux-mêmes et de leurs possibilités. Ce n'est qu'en étant profondément détaché, non intéressé par ces jeux de rôle, que l'on peut sortir et découvrir le monde tel qu'il est, sous la lumière naturelle, loin de tous les artifices et artefacts pourtant familiers. C'est une façon de dire que le bien n'est pas près de chez soi. C'est une façon de dire aussi que philosopher, c'est se moquer des moqueries.

... éduquer et gouverner : deux métiers impossibles ?...

« L'éducation n'est pas telle que la présentent certains de ceux qui s'en font les hérauts. Ils affirment, n'est-ce pas, que la connaissance n'est pas dans l'âme et qu'eux l'y introduisent, comme s'ils introduisaient la vision dans des yeux aveugles. » C'est une tout autre conception de l'éducation que le philosophe défend : un « retournement » de l'œil et une « orientation » du regard. L'éducation, en effet, n'est pas affaire d'acuité visuelle. C'est une question d'arrachement et d'allégement : d'arrachement aux siens d'une part, et à la cécité qui leur est inhérente ; d'allégement d'autre part puisque les liens qui attachent aux siens sont comme autant de « poids de plomb » qui tirent l'âme vers le bas. L'éducation est, à l'évidence, déterminée comme une élévation et, conjointement, une émancipation. Est-ce là ce qui en fait, comme l'a soutenu Freud bien plus tard, non pas une tâche impossible mais un métier impossible ? L'art d'accoucher les esprits, la maïeutique socratique, est une remontée depuis la grotte souterraine jusque vers le réel. C'est une manière d'éveiller les intelligences endormies. Philosophie, peinture et politique sont compagnes, ne serait-ce que parce qu'elles sont souvent, dans le langage platonicien, « injustement couvertes de boues ». On peut les trouver vaines, inutiles, impuissantes. Elles sont pourtant nécessaires, donc inévitables.

Lorsque Arroyo compose le deuxième volet de sa *Maison de la culture du côté de Valdepenas* (1968), il montre cinq enfants installés avec leur mère autour d'une table. Sur une nappe blanche immaculée est posée une grosse miche de pain. Les enfants mangent du Mirò, ils dégustent les figures caractéristiques de la peinture de Mirò, aux intersections remarquables, vertes, noires, bleues, marron, vermillon. Le père est, à l'évidence, mort. Les jeunes artistes sont orphelins. Comment se passer d'un père : c'est toute une éducation. Eduardo Arroyo, qui a perdu son père à l'âge de cinq ans, en a fait l'expérience. Premier exil. Pour autant, la peinture d'Arroyo, qui invente la figuration narrative, n'est pas éducative, elle est politique en ce qu'elle élit, déjà, la figuration. Lorsque, du reste, Jean Hélion, par exemple, rentre de captivité après la Seconde Guerre mondiale, il abandonne l'abstraction et devient — est-ce un hasard ? — peintre figuratif. La « figuration narrative » ou « nouvelle figuration » est, pour commencer, assez cosmopolite. Le mouvement réunit Arroyo, Gilles Aillaud, un Français qui peignait des singes en cage, et Antonio Recalcati, qui est italien.

La bande commet son premier crime en 1965 à la galerie Creuze à Paris : *Vivre et laisser mourir* ou *La Fin tragique de Marcel Duchamp*. Ils publient un manifeste dans lequel ils expliquent : « Assassiner un vieillard est une chose laide et qu'on n'accomplit pas, en dépit des apparences, d'un cœur léger. » Ils ajoutent : « Pour nous qui entendons nous manifester comme de véritables individus dans le temps et dans l'espace, il ne s'agit donc pas d'inventer ou de découvrir de nouvelles formes d'expression artistique mais de donner davantage à penser. » À bas les maîtres penseurs ! Tel est le propos commun à tous les partisans (et les artisans) de leur propre liberté, à commencer par la liberté de penser. C'est pourquoi la philosophie est, comme l'écrit Platon, « une orpheline sans parents ». Elle ne reproduit pas, elle n'imite pas, elle ne répète pas. Et Socrate d'interroger Adimante : « Mais si pour la plupart les gens prennent conscience que nous disons la vérité au sujet du philosophe, demeureront-ils hostiles aux philosophes et se méfieront-ils de nous quand nous affirmons qu'une cité ne connaîtra jamais autrement le bonheur si l'esquisse n'en a été tracée par ces artistes peintres qui travaillent selon le modèle divin ? [...] Ils prendraient la cité et les caractères des êtres humains comme une table à esquisser et, en premier lieu, ils la nettoieraient, ce qui déjà n'est pas si facile. » Un politique, c'est un peintre des constitutions : autre métier impossible.

... des ombres au tableau...

Pour que les politiques ne soient pas de vulgaires imitations, de pâles copies de politiques, pour qu'ils ne deviennent pas des ombres au tableau, il leur faut une éducation complète. Comme Socrate le suggère à Glaucon, les meilleurs politiques, ce sont les philosophes : soit que les politiques deviennent philosophes, soit que les philosophes deviennent politiques, ce qui paraît plus naturel. Autant dire qu'il ne leur suffit pas d'avoir du courage. Qu'ils ressemblent aux peintres aveugles d'Arroyo serait-il bénéfique à la cité ? Entre un aveugle et quelqu'un à la vue perçante, à qui faut-il confier la garde de quoi que ce soit ? Pour mieux faire comprendre la situation à son interlocuteur, le philosophe procède à la manière des peintres. C'est en peintre que Platon parle de tous ces mauvais peintres, les sophistes, qui n'offrent à leur public que ce qu'il a envie de voir. La critique platonicienne s'adresse donc aux peintres corrompus, au goût du jour. Un bon peintre, un « fondateur », comme dirait Platon — Arroyo par exemple —, se soumet-il au jugement de la foule ? On le devine : il y a de la solitude dans l'œuvre du peintre, du philosophe, du politique enfin.

Winston Churchill peintre ? Oui, mais de quel type ? Philosophe ou sophiste ? Peintre ou barbouilleur ? Artiste ou faiseur ? Politique ou démagogue ? Sa feuille est blanche. Sa toile est vierge. Tout est possible. Quoi ? C'est le commencement d'un nouveau tableau que nous voyons. Aucun dessin encore. Aucune couleur non plus. Churchill est d'abord extravagant. Au Parlement, il ne suit pas toujours la discipline de son parti. Pour de Gaulle, il est « le grand artiste d'une grande histoire ». Le tableau d'Arroyo est-il un éloge du héros ? N'est-il pas plutôt un autoportrait du peintre en politique, et/ou en peintre amateur ? N'exprime-t-il pas la discrète ironie de celui qui ne se prend pas pour le meilleur mais qui cherche à être meilleur que ce qu'il est, meilleur que lui-même, ce qui est la définition de la vertu ? Dure leçon : ne pas se gonfler d'un espoir extraordinaire, allant même jusqu'à s'imaginer capable de gouverner autant les Grecs que les Barbares, « rempli de façon insensée de prétention et de vaine arrogance »...

Pour que les peintres ne soient pas aveugles, pour que les philosophes ne soient pas ignorants, pour que les politiques ne soient pas mauvais, il leur faut de la lumière. Sans elle, les couleurs restent invisibles. La nuit, tous les chats sont gris. *Winston Churchill peintre* est sous le soleil. *The Loup River* est dans l'obscurité. Il n'y a plus de toile, plus de feuille, plus de pinceau, plus de couleurs. Churchill est face à un rideau végétal, épais, sombre, impénétrable. Il ne reste, du politique, qu'un vieil homme, de dos, rivé à son petit pliant. C'est peut-être ainsi qu'il faut imaginer les prisonniers de la fameuse caverne de Platon : comme des vieillards fatigués qui n'ont pas envie de bouger, de se lever, de sortir et de marcher ; ou comme des enfants sous la gouverne de parents à qui ils obéissent comme à des dirigeants, qui n'ont pas envie de bouger, de se lever, de sortir et… de partir.

Le texte

en perspective

Fulcran Teisserenc

Les mots du texte

Justice, philosophe, éducation, dialectique

1.

Justice

Selon une tradition remontant à l'éditeur Thrasylle (Ier siècle après J.-C.), attestée par certains manuscrits grecs qui nous sont parvenus, la *République* porte comme sous-titre *Sur le juste.* C'est le thème autour duquel gravite le dialogue. Le livre 4 expose une voie courte pour identifier la vertu de justice, tandis que les livres 6 et 7 explorent les bases d'une voie plus longue. Au début du livre 2, Glaucon et Adimante, les deux interlocuteurs de Socrate, l'ont mis au défi de montrer que la justice fait partie des biens qui sont choisis non seulement pour leurs conséquences (la réputation et les bénéfices socialement attachés à la pratique de cette vertu), mais aussi et d'abord pour eux-mêmes.

1. *La justice comme convention*

Pour mieux forcer Socrate à prendre la défense de la justice, Glaucon se propose de renouveler la thèse de Thrasymaque. Au livre 1, celui-ci avait soutenu que la justice est l'intérêt du plus fort, qu'elle bénéficie à celui qui impose les lois et non à celui qui leur obéit ; et qu'à l'inverse l'injustice est avantageuse et vertueuse, car elle est une bonne délibération favorisant l'intérêt personnel.

Glaucon améliore les considérations de Thrasymaque en suggérant, ce qui est une première dans l'histoire de la philosophie politique, une fondation contractuelle du légal et du juste. Afin d'éviter une mutuelle agression (nul n'étant en mesure de commettre l'injustice sans s'exposer à la subir), les individus consentent à l'établissement de lois et d'institutions qui définissent par convention un ordre juste.

L'histoire de Gygès illustre en quoi cette conception n'accorde à la justice qu'une valeur instrumentale. Gygès le berger découvre un anneau qui le rend invisible et s'en sert pour séduire la reine de Lydie, comploter avec elle, tuer le roi et prendre sa place en toute impunité. Protégé par cette invisibilité, le berger satisfait un désir sans frein de possession que la honte et la crainte du châtiment l'empêchaient auparavant d'étaler. Une des leçons de ce récit est que ceux-là mêmes qui acceptent un ordre légal et ses contraintes ne refuseraient pas de commettre l'injustice s'ils disposaient d'une occasion qui leur assurerait, sans compromettre la stabilité du système, l'avantage d'une injustice indétectable.

Glaucon poursuit sa défense de Thrasymaque en proposant une deuxième situation contrefactuelle : un choix à faire entre deux vies, celle d'une personne juste mais accablée d'une réputation d'injustice (payant donc à la fois les inconvénients liés à sa justice réelle et ceux liés à la croyance qu'ont les autres de son injustice) et celle d'une personne injuste mais jouissant de la plus grande réputation de justice (cumulant donc les avantages de l'injustice réelle et de la justice qu'on lui prête). Ce choix est supposé révéler, à l'encontre de Socrate, la préférence universelle en faveur de la vie injuste entendue comme la plus heureuse.

Socrate est alors invité par Glaucon (357b) comme par Adimante (366e) à les réfuter, c'est-à-dire à montrer que, contrairement à l'apparence et aux discours des poètes, la vie du juste l'emporte *en toutes circonstances* sur la vie de l'injuste. Il lui faut donc établir non seulement que la justice est un bien intrinsèque, mais aussi que sa contribution au bonheur est supérieure à tout le reste (ce qui ne veut pas dire qu'elle est suffisante). Cette démonstration, Socrate l'esquisse au livre 4.

2. *La justice comme ordre interne*

Pour définir la justice, Socrate propose de la rechercher d'abord dans la cité, où elle est écrite en grosses lettres, avant de la chercher dans l'âme, où elle est plus difficile à percevoir. La cité idéale, dont il a commencé à décrire les institutions dès le livre 2, est divisée en trois classes, en vertu d'un principe de spécialisation : une classe de producteurs nourriciers de la cité, une classe d'auxiliaires en charge de la défense militaire, une classe de magistrats ou Gardiens assumant la fonction de direction. C'est à cette dernière classe que revient la sagesse, l'art de délibérer dans les affaires politiques (428d). La virilité est la vertu des militaires et doit être comprise comme la fidélité indéfectible aux valeurs de la cité inculquées par dressage (429b-430b). La modération, idéal de maîtrise, désigne dans la cité l'autorité naturelle du meilleur, c'est-à-dire du plus rationnel, et l'obéissance du moins bon, c'est-à-dire du moins rationnel, ainsi que l'assentiment des dirigés au pouvoir des dirigeants. Cette vertu répandue dans toute la cité est responsable de sa cohésion. Quant à la justice, Socrate la définit comme aptitude à rendre à chacun ce qui lui appartient, c'est-à-dire à veiller au respect du principe de répartition et de spécialisation qui a organisé la cité : que chacun remplisse la fonction à laquelle il est naturellement destiné — produire, défendre, gouverner — et n'empiète pas sur les fonctions d'autrui. Or cette dernière vertu, c'est tout particulièrement aux dirigeants de l'exercer et de la faire respecter.

Socrate peut ensuite découvrir aisément ce qu'est la justice dans l'âme en raison de l'isomorphisme (la similitude de structure) entre la cité et l'âme : cette dernière est formée de trois éléments comparables aux trois classes politiques ; l'un par lequel nous comprenons et raisonnons, l'autre par lequel nous avons du cœur, le troisième par lequel nous avons des appétits. Il s'agit de trois types de désir mis en lumière par l'expérience des conflits de l'âme. L'âme juste est précisément celle en laquelle une certaine harmonie se trouve réalisée, parce que chaque partie joue exactement son rôle dans la partition d'ensemble. La formule de la justice est donc la même que celle qui prévaut dans la cité : s'occuper de ses propres affaires.

Il ne faudrait pas en conclure l'indifférence du juste aux questions politiques. Appelé à se considérer lui-même comme une société, le juste est aussi conduit à faire de la société dont il est membre l'objet de son soin. Car il a besoin d'un environnement politique et moral qui l'aide à renforcer son équilibre intérieur. L'intérêt qu'il prend aux affaires d'autrui et de sa cité est dans la droite ligne de l'intérêt qu'il porte à son âme.

2.
Philosophe

Le juste a besoin d'une cité juste pour parfaire sa vertu propre. Les livres 6 et 7 examinent à la fois la nature du changement principal à introduire dans la cité pour la rendre juste — confier le pouvoir aux philosophes —, et l'éducation et la science qu'il faut que ces derniers acquièrent pour s'acquitter le mieux possible de leur tâche. La description des vertus au livre 4 reste correcte ; mais c'est le pouvoir même de la raison dans l'âme, la connaissance dont elle est capable et les effets de celle-ci qui seront précisés aux livres 6 et 7. La figure par excellence de l'homme vertueux sera le philosophe.

Au livre 5, Socrate a montré que pour transformer un

État il faut d'abord changer sa tête, inaugurant en cela une tradition révolutionnaire dans laquelle se retrouveront jacobins et léninistes. Mais qu'est-ce qui distingue si avantageusement les philosophes pour qu'on choisisse de leur remettre les clés de la cité ?

1. *Le désir du philosophe*

Le naturel philosophe se caractérise d'abord par une certaine forme de désir ou d'amour. En première approximation, et conformément à l'étymologie, on parlera d'un désir de savoir (*sophia* en grec). Toutefois, demande Glaucon au livre 5, doit-on assimiler au philosophe l'amateur de spectacles, le curieux qui prend plaisir à voir et à entendre et se distrait de la multiplicité chatoyante de ce qui lui arrive par ses sens (475d) ? Ce dernier ne témoigne-t-il pas plutôt d'une avidité d'informations et de distractions intellectuelles ? En réalité, le désir du philosophe a ceci de particulier qu'il se porte vers l'unité de ce qui se manifeste diversement, par exemple la beauté ou la laideur en elles-mêmes, et non vers la variété inépuisable des choses belles ou laides. Il reconnaît ce par quoi les choses belles ou justes sont belles ou justes (c'est-à-dire la beauté ou la justice en elles-mêmes) alors que l'amateur de spectacles ne peut ni ne désire identifier, dans ce qu'il voit et entend, l'effet structurant de réalités essentielles (476a-b).

Le philosophe vise donc la réalité dont il y a intelligence et science. À la différence du « philodoxe » qui se complaît dans l'opinion et refuse l'être véritable, il recherche l'essence existant éternellement, soustraite aux variations de la génération et de la corruption (6, 485b). Socrate insiste à deux reprises sur le fait que l'amour du philosophe partage ainsi la structure commune aux désirs érotiques de se porter sur toute réalité susceptible de le satisfaire. Aucune partie de l'essence, grande ou petite, précieuse ou non, n'est donc ignorée, suivant en cela un principe de neutralité dans la connaissance des formes. S'il ne néglige rien de ce qui est, ce désir institue néanmoins une différence entre le devenir et l'être, dont le deuxième terme n'est pas donné dans l'expérience sensible. Il s'oppose sur ce point aux désirs indéterminés de la partie appétitive de l'âme.

2. *Les vertus du philosophe*

Propre au philosophe, l'amour inconditionnel de ce qui est implique à son tour l'amour de la vérité, qu'il faut entendre non seulement comme l'exactitude même du savoir, mais aussi comme la capacité de ce qui est (vraiment) à rendre possible une telle connaissance (à l'inverse de l'apparence, qui trompe et ne permet aucun jugement ferme). Cela n'est pas sans effet sur l'âme du philosophe, dont les désirs sont canalisés vers les savoirs, tandis que se relâchent ceux qui ont le corps pour principe et pour fin. D'où il suit que le philosophe est tempérant et nullement ami des richesses (car il n'a pas motif de les rechercher). Il ne manque pas non plus du sens de la liberté, en raison de sa hauteur de vues : embrassant l'ensemble des temps et toutes les essences, la vie humaine et la mort qui la clôt lui sont par contraste peu de chose. Des qualités précédentes découlent justice, douceur, sociabilité. L'ensemble de ces propriétés sert donc moins à définir positivement le philosophe, comme une sorte d'idéal de la nature humaine, qu'à marquer que son intérêt l'éloigne de tous les autres intérêts et l'écarte sans effort des vices opposés à ses vertus. Un naturel qui ne présente spontanément ni faiblesse ni lâcheté facilite la voie au désir du philosophe ; mais c'est surtout l'élan philosophique qui détache l'âme de ses enchaînements serviles.

Il est toutefois d'autres qualités de ce naturel qui sont moins le résultat de l'appétit de savoir (et de l'élévation de la pensée qui y est liée) que ses conditions mêmes de développement : la bonne mémoire et la facilité à apprendre, qualités psychologiques et non plus morales. Elles sont indispensables pour que l'amour de la sagesse et de la vérité ne se renverse pas en haine. Le souvenir de ce que l'on a pu penser donne confiance et vivifie le goût de l'effort intellectuel. L'autonomie de la raison, sa capacité à se déployer dans son ordre propre et à rencontrer le succès dans cette démarche renforcent son emprise sur l'âme et donnent au savoir la désirabilité nécessaire. La grâce et la mesure, sur lesquelles s'achève ce portrait, expriment la parenté entre l'intelligence du philosophe et l'objet qu'elle doit découvrir, la spontanéité qui porte la première vers le second. Nous retrouvons sous un nouvel aspect la leçon précédente : sans aisance à trouver ce qui est recherché et à s'en nourrir, le désir dépérit ou se mue en son contraire ; le vouloir de l'âme s'oriente en fonction de son pouvoir.

3. *La perversion du philosophe*

D'abord, souligne Socrate, les qualités mêmes du naturel peuvent contribuer à sa corruption : modération, résolution et maîtrise de soi peuvent être mises au service d'une ambition politique purement personnelle. Un naturel fort et puissant est capable du meilleur comme du pire, alors qu'un caractère faible n'est capable ni de l'un ni de l'autre. C'est pourquoi pédagogie et formation sont indispensables pour orienter droitement son destin.

À cet égard, le plus corrupteur n'est pas l'enseignement particulier dispensé par certains sophistes, comme le pense la foule, mais bien celle-ci et la société dans son ensemble. Car la pression collective exercée par l'éloge et le blâme dans les lieux publics, les spectacles et les forums politiques apprennent aux jeunes gens à communier aux mêmes valeurs. Rien ne résiste, sauf faveur divine, à ce conditionnement social, d'autant qu'il est assorti de sanctions économiques et politiques qui achèvent de le rendre persuasif. Qui plus est, la fermeté, la mémoire, la facilité à apprendre de celui qui a reçu le naturel philosophe en partage, lui promettant un bel avenir politique, l'entourent de flatteurs qui auront à cœur de se ménager sa puissance et d'éloigner de lui ceux qui pourraient l'appeler à acquérir l'intelligence qui lui manque encore.

Pour pervertir ce naturel, il suffit donc que le désir qui l'anime soit détourné de sa direction et manque sa visée originelle. C'est d'autant plus aisé que la philosophie n'est pas une activité intellectuelle quelconque, la mise en œuvre d'une faculté ne demandant qu'à être cultivée (vision de Périclès). Loin d'être culture générale, la philosophie donne naissance à l'intelligence elle-même, moyennant la rencontre avec ce qui est réellement (490b) ; aussi est-elle solidaire d'un contenu, cette « nourriture » dont la privation déforme l'âme, entraîne son malheur et sa méchanceté. L'âme ne comprend ce qu'elle cherche (et n'atteint ainsi la fin de son tourment) que par la vertu d'un pâtir, d'une union avec ce qui est. Et quand une telle rencontre est ménagée par l'éducation, l'âme ne s'abandonne pas au repos; elle accroît son élan et intensifie sa recherche car elle se sent intérieurement invitée à penser davantage et autrement pour saisir de nouveaux objets intelligibles.

3.

Éducation

Pour éviter que ne se dégrade le naturel philosophe et pour former d'excellents citoyens, il ne suffit pas de diviser la cité en trois classes ou d'abolir la propriété privée et la famille, comme le projette Socrate pour les auxiliaires et les Gardiens. Tout cela ne serait rien si une éducation adéquate n'était dispensée par les soins de la cité. Dans la plupart des cités grecques, il incombait aux particuliers de veiller à l'éducation de leurs enfants. Sparte faisait exception puisque les enfants étaient dès sept ans enlevés à leur famille et menaient une vie quasi militaire, sous l'autorité d'un pédonome surveillant pour le compte de l'État leur apprentissage du métier des armes. Le souci que les États modernes ont d'une éducation publique instruisant les âmes et formant les corps trouve donc sinon ses racines, du moins sa première expression dans la *République.*

L'éducation se divise en deux branches. D'abord un dressage moral et physique qui s'adresse aux jeunes enfants de la cité, plus particulièrement à ceux des deux classes supérieures. Puis une instruction libérale, plus tardive et réservée aux futurs magistrats philosophes. La formation initiale du caractère, décrite au livre 3, se fonde essentiellement sur la musique (qui inclut la poésie et l'épopée) et la gymnastique (qui comporte exercices sportifs et diététique).

Quand Socrate revient au livre 6 (502e) sur la question des concours de recrutement des futurs Gardiens, il mentionne un élément nouveau : la sélection des aptitudes intellectuelles. La nécessité de confier le pouvoir à des philosophes, indiquée à de multiples reprises mais précisée à partir du livre 5, explique ce complément. Les épreuves théorisées au livre 3 ont privilégié des jeunes gens au caractère stable et fiable dans les combats, dont le revers habituel est cependant une certaine lenteur à apprendre. Or le futur magistrat philosophe doit marier deux qualités, courage civique et discernement intellectuel. Il faut donc aussi vérifier qu'il est capable d'endurer avec profit un long cursus d'études, pendant lequel lui seront dispensées les connaissances les plus importantes.

1. *L'ignorance*

L'allégorie de la Caverne au début du livre 7 est une réflexion sur l'éducation. L'état originel du prisonnier ne désigne pas l'humanité à sa naissance, vierge de toute empreinte (les prisonniers ne sont pas nés dans la caverne, ils y sont depuis leur enfance), mais bien le résultat d'un conditionnement social : l'ignorance, ce manque de grâce et d'ajustement à la vérité (*Sophiste* 228c). Quand Socrate met en relation l'image de la Caverne avec celle du Soleil et de la Ligne, il assimile la première au lieu visible, par opposition au lieu intelligible. On pourrait penser qu'il dénonce la condition corporelle et sensible de l'être humain. Cette inférence est trompeuse si elle revient à ignorer l'importance de la vie collective des prisonniers. Celle-ci est décrite comme une lutte pour les honneurs à propos des ombres de ce qui est juste (517d) : la rivalité éclate non pour comprendre l'origine de ce qui est perçu (désir de vérité), mais pour discerner la fréquence des ombres, leurs combinaisons et les représentations que s'en font les gens (désir d'habileté, 516c-d). Qui plus est, tout ce qui est projeté sur le mur de la caverne est fabriqué (514c) : c'est là indiquer de manière assez claire le caractère institué de ce à quoi les hommes prêtent foi. Il s'agit donc moins de croyances gouvernées par nos sens ou nos appétits (ce qu'elle sont aussi) que de croyances façonnées par des pratiques sociales. Dans la caverne, les hommes sont la proie de ces marionnettistes que sont poètes, démagogues et sophistes, orchestrateurs d'un spectacle politique et moral qui anticipe tout autant qu'il oriente les attentes du public (492b-c).

Pour la plupart des prisonniers, il est possible de modifier de manière utile leur ignorance (mais non de la supprimer), en leur faisant échanger des opinions fausses contre des opinions droites (c'est l'objet de la première éducation). La réforme de la cité juste, qui est aussi réforme de la culture, change le mobilier de la caverne mais n'en sort pas tous les prisonniers. Seuls échappent à l'enfermement les philosophes, dont l'éducation ne consiste ni à verser des connaissances dans l'âme comme on verserait un liquide dans les oreilles (*Banquet,* 175d), ni à lui conférer un pouvoir qu'elle ne posséderait pas (518c). Apprendre, pour l'âme, consiste à mettre en œuvre une puissance de connaître en attente de son orientation. Le rôle du pédagogue est d'aider un cheminement intérieur qui ne va pas de soi et pour lequel une certaine contrainte reste inévitable.

De ce fait, il y a un contraste entre les vertus précédemment étudiées au livre 4 (justice, courage, tempérance) et celle de la pensée. Les premières sont inculquées, elles résultent d'habitudes ou d'exercices (518d-e). Bien qu'elles soient vertus de l'âme, elles s'apparentent par leur relative passivité à des vertus du corps. Ce sont d'heureuses dispositions, mais des dispositions oublieuses de leur genèse. En revanche, l'excellence de la pensée n'est ni une disposition ni un état, elle est le retour à soi de la puissance de réfléchir qui interroge ses présupposés, et invente en les assumant de nouveaux points de départ. Le mouvement de l'intelligence ne s'abolit pas dans la possession du but ; même aliénée, la pensée ne perd pas son dynamisme.

2. *Prélude mathématique*

Comment s'opère le retournement de la pensée en direction de la vérité ? Il n'est peut-être pas impossible de détecter dans le premier moment de la libération du prisonnier — l'interrogation sur les ombres et les idoles et la confrontation à une réalité qu'il entrevoit sans la comprendre (515d) — l'épreuve de la réfutation socratique, qui dévoile dans les certitudes morales et politiques, voire religieuses, des contradictions et des insuffisances. Processus essentiellement négatif, qui détruit l'ignorance de l'ignorance et libère le désir de savoir mais ne mène pas encore à une vraie connaissance. Les autres enseignements propres à conduire vers l'être véritable sont les enseignements mathématiques. Les mathématiques (et c'est là toute leur valeur éducative) sont nées de certains problèmes qui stimulent l'intelligence de l'âme. Quels sont-ils ?

Il y a, relève Socrate, des perceptions dont la détermination conceptuelle se fait aisément ; ainsi celle d'un doigt : la reconnaissance de cette forme dans le sensible ne provoque aucune hésitation. Il n'en va pas de même pour ce qui est des propriétés relatives : grandeur ou petitesse, grosseur ou minceur, mollesse ou dureté. C'est un même sens qui perçoit chaque couple de contraires et qui induit des estimations contradictoires quand change le terme de comparaison : l'index est plus grand que le pouce, mais plus petit que le majeur. Les réalités sensibles rentrent indéfiniment dans des rapports opposés et changeants. Les relations sont pour ainsi dire noyées dans la chose ; elles ne peuvent servir à la déterminer, d'où le trouble de l'intelligence. La perception confond ce que la pensée va devoir distinguer et articuler : les termes et les relations.

L'embarras est similaire à propos de l'un et du multiple. Chaque réalité perçue à l'aide des sens présente une unité en même temps qu'une diversité interne. Mais l'articulation des deux est loin d'être claire : la chaise, Glaucon ou le chat comportent bien une unité qui justifie l'emploi d'un nom au singulier pour les désigner, mais ils ont en même temps des parties qu'une analyse plus fine divisera en sous-parties, selon un processus que rien ne semble pouvoir arrêter. Une unité qui n'est qu'unité, le nombre un, ne s'observe pas dans la réalité sensible ; elle n'existe que dans l'idée et pour la pensée.

L'arithmétique est ainsi la première des sciences enseignées parce qu'elle se dégage de la contradiction sensible en posant une unité parfaitement intelligible et indivisible, dont elle compose tous les entiers naturels. Ces nombres, de même que leurs rapports et leurs puissances, sont dissociés de tout corps, de toute chose sensible nombrable, pour être considérés en eux-mêmes, comme une réalité pleinement déterminée soustraite à la corruption, à la génération et à la localisation. Cette discipline mathématique tourne donc l'œil de l'esprit vers l'essence et non vers le devenir, en se désintéressant des applications pratiques (sauf dans une certaine mesure des applications militaires que des gardiens soucieux de préserver l'indépendance de la cité ne peuvent négliger).

La géométrie est à son tour une science propre à

convertir l'intelligence. Elle aussi s'écarte de la confusion sensible en posant des figures construites selon des rapports exacts et constants. Le carré est un quadrilatère défini par l'égalité de ses côtés et de ses angles, le cercle est l'ensemble des points équidistants sur un plan à un point donné. Dans le sensible, on ne rencontre jamais d'égalité stricte, ni de carré ni de cercle, mais des choses qui *aspirent* à l'égalité ou au cercle. Il leur manque la perfection définitionnelle des êtres mathématiques (qui n'exclut pas la complexité des propriétés résultantes). Pourtant les opérations géométriques — tirer une ligne, carrer, diviser — semblent indiquer des manipulations pratiques incompatibles avec le statut purement théorique de leur objet. Mais le vocabulaire ne doit pas égarer : les actions désignées sont en réalité des opérations abstraites contribuant à rendre manifestes les propriétés éternelles des figures ou des combinaisons de figures.

Sur le même modèle, Socrate prescrit trois autres études : la stéréométrie (l'étude des solides), l'astronomie (qui ne doit pas être l'observation du mouvement apparent des astres, mais la réflexion sur les formes et les vitesses pures de mouvements théoriques), l'harmonie mathématique (qui dégage des harmonies musicales les proportions et les lois numériques qui les régissent, et les examine en elles-mêmes, en dehors de leur présence dans les sons). En toutes ces matières, Socrate recommande la démarche qui procède par problème, exerçant l'intelligence sur des questions déterminées en l'invitant à trouver par elle-même une réponse rigoureuse. Socrate illustre dans le *Ménon* (82b-e) cette démarche et faisant découvrir à un jeune esclave que tout carré double d'un carré donné est équivalent au carré construit sur sa diagonale.

4.

Dialectique

Pourtant, cette éducation mathématique n'a fourni que le prélude à l'air final, prélude symbolisé dans l'allégorie de la Caverne par la libération et l'ascension du prisonnier jusqu'à la contemplation des images des êtres véritables (532c). Les sciences mathématiques mènent « ce qu'il y a de meilleur dans l'âme vers la vision de ce qu'il y a d'excellent dans les choses », mais elles ne s'identifient pas à cette « vision » que Socrate réserve à la dialectique. Même si les mathématiciens connaissent quelque chose du réel, ils ne sont pas encore capables d'en rendre pleinement raison (531e), ni n'ont encore saisi le terme ultime de leur enquête sur l'intelligible, le Bien, dernier dans l'ordre des connaissances mais premier dans l'ordre des choses.

1. *Différence de la dialectique*

Les mathématiques s'appuient sur des images pour concevoir des objets qui ne sont perceptibles qu'à la seule pensée (*dianoia*), tandis que la dialectique se passe d'un tel recours (510b). Pourquoi donc les mathématiques usent-elles d'une construction graphique ? C'est que celle-ci facilite la saisie des relations et des proportions intangibles unissant telle et telle figure géométrique. La position des hypothèses contrebalance alors le rôle des images en contraignant la pensée à se détacher de la particularité et de l'inexactitude du schéma sensible, et à considérer la réalité intelligible, celle du carré en soi, du triangle, et des propriétés qui s'y rapportent. Cette double liaison aux hypothèses et aux images explique sans doute la démarche déductive des mathématiques, qui déplie la richesse interne des hypothèses qu'elle pose. Elle explique aussi qu'à l'inverse, quand il s'agit de rendre raison des hypothèses elles-mêmes, la pensée dialectique s'affranchit nécessairement des images, non seulement parce que celles-ci sont contingentes et inexactes, mais aussi parce qu'elles dépendent pour leur sens de ces hypothèses qu'elles illustrent et qu'il faut précisément expliquer.

Alors que la rationalité mathématique se distingue par une structure monologique, la dialectique conserve une forme dialogique, c'est-à-dire essentiellement l'interrogation et la réponse (532a). Quand donc ce qui est postulé fait l'objet d'une question sollicitant l'accord d'un répondant au lieu d'être le simple point de départ d'une chaîne de déductions, c'est l'acte thétique (de position) au commencement du raisonnement qui est mis en évidence, appelant par là une réflexion sur ce qui en fonde la justesse. Et quand Socrate demande, comme il le fait usuellement dans les dialogues, « qu'est-ce que X ? » (la vertu, la justice, le courage, la science), il oriente la recherche vers une définition de l'essence au regard de laquelle les idées reçues se révèlent insuffisantes. Autrement dit, la dialectique se soucie moins de déployer un discours raisonneur assuré de lui-même que de formuler une exigence interrogative qui suscite, en même temps qu'elle les défait, les réponses trop faciles.

La dialectique, enfin, connaît un mouvement ascendant et descendant (511b-c), alors que les mathématiques avancent dans une seule direction, qui va de ce qui est considéré comme principe aux conséquences. La dialectique s'élance en arrière d'une hypothèse, vers d'autres qui pourront en retour la justifier ou l'invalider. Cette démarche est inventive et risquée, même si, dans ce jeu qui consiste à situer tout point de départ provisoire dans la perspective et le prolongement d'autres principes, le but est d'en vérifier la solidité et d'obtenir une certitude anhypothétique.

Mais comment la dialectique réussit-elle à « supprimer » les hypothèses et à circuler uniquement parmi les formes (510b, 511c) ?

2. *La puissance supérieure de la dialectique*

On peut considérer d'abord que la dialectique ne se contente pas de stipuler certaines propriétés de son objet à la manière des mathématiques (par exemple que le carré est formé de segments égaux), mais formule un engagement ontologique explicite : l'être dont elle affirme l'existence est identique à lui-même, soustrait au devenir, parfaitement intelligible. Les mathématiciens définissent assurément l'objet dont ils parlent. Mais leur définition donne la détermination interne de l'objet et non son statut : elle ne dit rien en particulier de sa différence avec le sensible, de son indépendance par rapport aux représentations figurées qu'ils en donnent. Dans les hypothèses mathématiques, l'existence de l'objet est une prémisse tacite, qui ne requiert pas de développement particulier. Ce n'est plus le cas quand elles sont reprises dialectiquement.

On peut ensuite considérer que la dialectique prend conscience de la parenté des situations où elle est conduite à poser une essence; elle recherche alors en quoi cette essence est liée à d'autres essences (531d). Sa compréhension synoptique lui permet de reconnaître la similitude des démarches qu'implique la question « qu'est-ce que ? », en même temps que la solidarité de droit des essences qu'elle postule.

On peut enfin estimer qu'elle est davantage assurée de la force de son hypothèse (et réduit d'autant sa nature hypothétique) que cette hypothèse est susceptible d'être vue comme le résultat d'autres hypothèses de portée plus vaste. Sans doute faut-il faire une distinction entre les domaines mathématique et non mathématique (en particulier celui couvert par les formes « morales »). Dans le premier cas, Platon n'envisage pas que la dialectique remette en cause les définitions ou les résultats des mathématiciens, mais seulement les fonde mieux, à la fois en isolant les notions primitives de celles qui en découlent et en précisant la nature ontologique de leurs points de départ. Si les mathématiciens n'ont pas réellement l'intelligence des choses qu'ils étudient, il n'en reste pas moins que celles-ci « sont intelligibles quand elles sont conçues avec un principe » (511d). Dans le second cas (les formes qui ne relèvent pas de la mathématique), l'enquête dialectique ne se contente pas de refonder des hypothèses qu'elle reçoit de la *dianoia*. Elle peut être amenée à récuser ces hypothèses du fait de leur incohérence interne ou de leur incompatibilité avec d'autres hypothèses jugées plus solides ; un éventuel principe de substitution ne sera alors validé qu'après avoir résisté avec succès à toutes les entreprises possibles de réfutation.

L'œuvre dans l'histoire des idées

1.

Le contexte intellectuel de la *République*

1. *L'œuvre dans le corpus platonicien*

La carrière intellectuelle de Platon s'étale sur cinquante ans environ, de 399 à 348 avant J.-C. On distingue ordinairement trois groupes de dialogues, d'après des critères qui reposent à la fois sur l'évolution du style de Platon et les thèmes abordés (les allusions historiques, les sujets traités dans les dialogues et les thèses ou les arguments avancés).

Un premier ensemble est constitué par les dialogues dits de jeunesse (l'*Hippias mineur*, l'*Ion*, le *Lachès*, le *Charmide*, le *Protagoras*, l'*Euthyphron*, l'*Hippias majeur*, l'*Apologie de Socrate* et le *Criton*). Ces dialogues, qui ont Socrate pour protagoniste, se caractérisent par la formulation d'une question portant sur l'essence d'une notion souvent morale (la piété, le courage, la beauté), par une méthode de réfutation qui souligne les contradictions ou les insuffisances des définitions que les interlocuteurs de Socrate ou parfois Socrate lui-même suggèrent, et enfin par un aveu d'ignorance, qui est en même temps une invitation au savoir.

Un deuxième groupe est constitué par ce que l'on appelle les dialogues de la maturité (le *Gorgias*, le *Ménon*, l'*Euthydème*, le *Lysis*, le *Ménexème*, le *Cratyle*, le *Phédon*, le

Banquet, la *République*, le *Phèdre*). Ils se caractérisent par un élargissement des problématiques, une réflexion approfondie sur l'âme et ses composantes, une investigation des conditions de possibilité de la connaissance, une enquête sur la politique et les divers usages du langage, un recours aussi très ample aux mythes et aux images.

La dernière période rassemble le *Théétète*, le *Parménide*, le *Sophiste*, le *Politique*, le *Timée*, le *Critias*, le *Philèbe* et les *Lois*. Écrits souvent techniques et complexes, dans lesquels Platon reprend les articulations fondamentales de sa pensée en les confrontant aux objections ou aux thèses émanant de ses contemporains (ou de ceux qu'il juge tels, même s'ils sont morts depuis un certain temps) : à Héraclite et Protagoras sur la science dans le *Théétète* par exemple, à Parménide sur la possibilité du non-être et la nature de l'être dans le *Sophiste*.

Il faut cependant reconnaître qu'en matière de datation et de regroupement de dialogues il n'y a pas de preuve décisive. Reste que la *République*, par l'ampleur de ses thèmes et de ses registres, est le dialogue de l'épanouissement.

2. *Socrate et la forme dialoguée*

Si l'on cherche à comprendre ce qui a suscité la réflexion de Platon, il faut évidemment évoquer en premier lieu la figure de Socrate (470-399 av. J.-C.). Platon l'a fréquenté durant sa jeunesse, de l'âge de vingt ans jusqu'à la mort de son maître, huit ans plus tard. Mais démêler précisément l'influence qu'exerça Socrate sur Platon et faire la part de ce qui revient à l'un et à l'autre dans les écrits de Platon est un problème quasi insoluble et probablement de peu d'intérêt. En effet, l'informateur le plus intelligent et le plus complet que nous ayons sur Socrate, c'est précisément Platon. Il est en outre peu probable, comme certains l'ont cru, que Platon se soit contenté durant la première étape de sa carrière de se faire le simple sténographe des conversations qu'il a entendues ou qui lui ont été rapportées. La présence de Socrate est incontestable dans l'œuvre de Platon, mais c'est un Socrate habité par Platon.

On peut toutefois signaler un trait original de Socrate, que Platon va reprendre et amplifier. Socrate n'a pas écrit, son enseignement était oral et prenait la forme d'une conversation. Platon, qui lui a beaucoup écrit (son œuvre est l'une des rares de l'Antiquité à nous être parvenue dans son intégralité), est resté fidèle à son maître en écrivant des dialogues.

Sans doute n'a-t-il pas été le seul parmi les disciples de Socrate à choisir ce genre. Mais ce n'est pas chez lui un mode d'exposition destiné à rendre plus agréables ou plus familières des idées nouvelles ou difficiles. La composition de ces récits de paroles est très soignée, jusqu'en ses moindres détails, et le lecteur averti peut toujours découvrir dans les prologues, la distribution des répliques et leur agencement, une intention qui sollicite sa réflexion. Trois caractéristiques marquent le recours à cette forme dialoguée.

D'abord, l'anonymat. Platon n'apparaît jamais lui-même en chair et en os, et la seule fois où son nom est cité, en dehors de l'*Apologie de Socrate*, c'est pour dire, suprême ironie, qu'il était malade, donc absent au dernier entretien de Socrate relaté dans le *Phédon*. On s'est beaucoup disputé pour savoir s'il fallait prendre ou non le personnage de Socrate pour le porte-parole de Platon. Assurément il lui fait dire des choses importantes ; mais il en fait dire aussi à d'autres. Au livre 6 par exemple, Glaucon formule une réplique décisive pour comprendre le type de pensée impliquée dans les mathématiques (511d). Et les objections que les interlocuteurs de Socrate peuvent formuler, leurs contre-exemples comme leurs réticences, sont des moments indispensables d'une pensée qui cherche et qui s'interroge. Écrire un dialogue n'est pas pour Platon énoncer des thèses ni proposer des arguments (même s'ils sont présents), pas davantage déléguer un représentant pour parler en son nom. C'est faire éprouver au lecteur un mouvement de la réflexion qui avance par digression, invention, reprise, retour en arrière.

Bien sûr, et c'est le deuxième aspect du dialogue platonicien, Socrate propose souvent des protocoles de discussion : dire ce que l'on pense, répondre avec franchise, chercher à s'accorder ensemble sur tel ou tel argument ou implication. Mais il serait naïf de limiter le dialogue à l'objectif raisonnable d'une recherche en commun. Bien des interlocuteurs inventés ou reconstruits par Platon ne se plient pas à ces règles et se livrent à de violentes attaques de Socrate en de longs monologues, ou décident de camper sur leurs positions en se réfugiant dans le silence (Calliclès dans le *Gorgias*, par exemple). Or de tels refus du dialogue au sein d'un dialogue sont eux-mêmes philosophiquement significatifs : ils peuvent être porteurs de thèses sur lesquelles la réfutation socratique n'a pas prise, ils peuvent aussi exprimer des usages du discours qu'aucune dialectique ne surmonte. De plus, certains dialogues ou certaines parties de dialogues réduisent la fonction de l'interlocuteur à l'approbation simple : est-ce à dire que la forme dialogique devient artificielle ? Non, car que ce soit finalement le même qui interroge et qui réponde ne change rien à l'essentiel, qui est que toute vraie pensée est dialogue intérieur de l'âme avec elle-même, le dialogue extérieur étant, dans le meilleur des cas, l'extériorisation de cette alternance de la question et de la réponse.

Enfin, une des raisons, et pas la moindre, du charme et de la fascination qu'exerce le dialogue platonicien sur le lecteur tient à ce qu'il concilie des qualités apparemment opposées par le retentissement de la forme sur le fond. Une recherche ouverte qui ne craint pas l'aporie est exposée avec un art consommé de son déroulement. Un aristocratisme intellectuel et politique est conjugué avec l'exigence démocratique de soumettre à l'examen rationnel ses positions. Une certitude quant à la différence entre le savoir et l'opinion ainsi qu'à la distinction ontologique afférente est couplée à un large usage des hypothèses et à une grande inventivité dialectique dans l'art de trouver de nouvelles voies comme dans celui de susciter des obstacles inattendus.

3. *Héraclite ou le devenir*

À en croire Aristote, avant d'être disciple de Socrate, Platon aurait fréquenté l'héraclitéen extrémiste Cratyle. De fait, Platon partage avec Héraclite la conviction que l'univers sensible est emporté par un flux, la génération et la corruption étant la loi de tout ce qui est soumis au temps. Il s'écarte cependant de l'enseignement d'Héraclite en reconnaissant dans le devenir certaines répétitions régulières de formes similaires. En outre, les choses en devenir respectent, d'après Platon, le principe de non-contradiction : elles ne peuvent posséder en même temps et sous le même rapport deux prédicats contraires ou contradictoires (ce que ne semble pas exclure Héraclite). Il n'en reste pas moins que, pour Platon, la réalité sensible est grevée d'une indétermination irréductible. D'abord parce que, d'un point de vue quantitatif, toute chose tend à présenter un écart (un excès ou un défaut lui-même non mesurable) par rapport à la mesure qu'on veut lui assigner. Ensuite, parce qu'aucune structure (figure ou organisation corporelle) n'existe en soi dans le sensible, mais toujours en autre chose (une sorte de réceptacle) à l'égard de quoi elle reste contingente et accessoire, se modifiant sans cesse et cédant la place à d'autres. La ressemblance observable entre les apparences résulte de ce qu'elles sont chacune l'image confuse d'un même modèle intelligible. Par suite, le devenir n'a pas d'intelligibilité propre ; il n'en a que par participation et dans la mesure où l'esprit est capable de remonter de la multiplicité éparse du sensible à l'unité intelligible de son sens. C'est là la différence la plus nette avec Héraclite : par-delà le devenir, il y a, d'après Platon, un ordre dont la manifestation reste toujours en partie équivoque.

4. *Parménide ou l'être*

Dans un de ses textes les plus difficiles, le *Parménide*, Platon donne la parole au penseur d'Élée, protagoniste éponyme du dialogue, et le fait discuter avec Socrate. L'entretien est chronologiquement improbable, mais il est certain que Platon a lu de près le *Poème* de Parménide et en a été marqué. Parménide suggère dans son œuvre plusieurs voies d'investigation, celle qui postule que l'être est, celle qui soutient que le non-être n'est pas, et celle selon laquelle l'être est et n'est pas. Seule, d'après lui, la première est praticable, tandis que la deuxième est informulable et la troisième « maîtresse d'erreur ». Platon reconnaît pour sa part la convergence de l'être et du discours rationnel, considérant que « ce qui est totalement est totalement connaissable » (et à l'inverse que ce qui est pleinement intelligible existe pleinement). Il admet de même que « ce qui n'est aucunement est totalement inconnaissable ». Mais, à la différence de Parménide, il ne dénonce pas comme une illusion tenace et inévitable la croyance au devenir : celui-ci a bien une espèce de réalité et s'il n'est pas objet de science, du moins est-il objet d'une opinion, laquelle peut être plus ou moins vraisemblable. De plus, au lieu de considérer l'être comme un bloc unique et homogène, sans fissure ni mouvement, Platon le pluralise en autant d'essences que la pensée est conduite à poser. Il accorde, certes, que les objets véritables de la pensée ne se meuvent pas, en raison du caractère inaltérable des réalités qu'examine l'intellect. Non pas qu'elles seraient faites d'une matière particulièrement résistante : ce sont des déterminations par nature identiques à elles-mêmes, situées hors de l'espace et du temps physiques (l'égalité, le triangle, la justice sont nécessairement ce qu'ils sont ; cela n'a pas de sens d'imaginer qu'ils puissent devenir autre chose).

5. *Les sophistes et le renversement de la raison*

Le troisième élément important du contexte intellectuel dans lequel s'est formée la philosophie platonicienne est le courant sophistique qui se développe à la fin du ve siècle à Athènes. Ce dernier n'a pas d'unité doctrinale claire, mais un certain nombre de traits communs à plusieurs auteurs retiennent l'attention de Platon qui les met volontiers en scène dans ses dialogues. Les sophistes se proposent d'enseigner moyennant rémunération un art oratoire capable de renverser toutes les positions établies, de contredire n'importe quel discours, et de faire accréditer n'importe quelle thèse. Cette virtuosité frondeuse n'est pas destinée à être utilisée directement dans l'arène politique. Elle est plutôt l'accompagnement réflexif, démonstratif et théorique, d'une pratique pluraliste du discours caractéristique de la vie démocratique à Athènes, où le pouvoir dépend de la maîtrise et de la puissance de la parole.

Chez certains bons esprits de l'époque, la diversité des expériences politiques et la confrontation des dispositifs législatifs les uns aux autres provoquent une réflexion sur le fondement des idéaux moraux traditionnels. Les sophistes soulignent ainsi le rôle de la convention et de la coutume, contre lesquelles on peut faire appel soit à d'autres conventions, jugées meilleures, soit à la nature, pour autant qu'elle exprime une force supérieure capable d'imposer sa loi (comme c'est le cas, par exemple, dans les relations entre Athènes et les cités soumises à son impérialisme).

Une logique particulière sous-tend cette pratique du discours : certains sophistes récusent l'idée qu'une affirmation et sa contradictoire se rapportent à la même chose. Ils estiment ainsi qu'il est parfaitement possible de s'opposer à quelqu'un terme à terme, sans s'obliger à dire que des deux discours en conflit l'un est vrai et l'autre faux. L'idée même de vérité est contestée, dans la mesure où chaque discours, qu'il affirme ou qu'il nie, invente à la manière d'un roman son propre monde et sa propre référence. La différence entre les discours réside alors dans leur force respective de séduction et de persuasion, et non dans une conformité ou non-conformité aux choses. L'épistémologie des sophistes est donc un relativisme, ce qu'illustre le thème protagoréen de « l'homme mesure de toutes choses » ; la recherche de la victoire dans l'affrontement rhétorique devient légitime, au détriment de la poursuite réglée et inspirée de la vérité.

Platon rappelle au livre 7 que le désir de contredire et de ployer le discours dans toutes les directions est une tentation inhérente à la pratique de la dialectique. La liberté que s'autorise la discussion philosophique peut se trouver dévoyée par qui s'enivre de la puissance des mots. Et le sophiste, à force d'avoir traîné dans les arguments, voit naître en lui sinon une haine de la raison, du moins la méfiance et l'ironie de celui qui n'est jamais dupe, s'amusant encore à prendre son interlocuteur au piège de ses raisonnements subtils, mais se gardant lui-même de croire à ce qu'il dit. C'est pourquoi Platon juge prudent de réserver à des hommes mûrs l'entraînement dialectique. Affronter les discours adverses et en faire éclater l'insuffisance n'est plus alors l'expression d'une habileté à combiner mots et concepts pour arriver à la fin choisie, mais le signe qu'on s'est assuré par le *logos* une prise sur l'essence même des choses. La position des réalités intelligibles, qui est l'hypothèse même du philosophe, permet à Platon de proposer au discours scientifique une visée universelle et intangible et de récuser le relativisme épistémologique. Cette hypothèse le conduit également à suggérer, contre le relativisme moral, la possibilité de fonder dans la découverte de l'idée du Bien la légitimité de la pensée et de la connaissance comme activités de l'âme.

2.

L'héritage platonicien

1. La science

La postérité de la *République* est immense, bien que son contenu soit vivement discuté. Sur le plan épistémologique, les successeurs de Platon ne garderont pas ce qui fait la singularité de sa position, celle d'une réalité intelligible indépendante du sensible. Certains, comme Aristote (384-322 av. J.-C.), ne reconnaissent aux formes d'autre existence qu'insérée dans la substance sensible composée. Aristote critique également le Bien platonicien, contestant qu'on puisse unifier les divers sens dans lesquels le terme est pris, et identifier un trait commun à toutes les espèces de bien, responsable de leur bonté. D'autres, comme les néo-platoniciens, font des formes des réalités qui sont à la fois objets et sujets de pensée, procédant d'un principe supérieur à eux, l'Un ineffable, dont les débordements donnent naissance par vagues successives à l'ensemble de la réalité.

En revanche, on trouve chez des penseurs formés par les mathématiques des positions voisines de celles de Platon. Descartes par exemple écrit : « Lorsque j'imagine un triangle, encore qu'il n'y ait peut-être en aucun lieu du monde hors de ma pensée une telle figure, et qu'il n'y en ait jamais eu, il ne laisse pas néanmoins d'y avoir une certaine nature ou forme, ou essence déterminée de cette figure, laquelle est immuable et éternelle, que je n'ai point inventée et qui ne dépend en aucune façon de mon esprit » (*Méditations métaphysiques* V, 1641). Descartes admet toutefois, à la différence de Platon, une création divine des vérités éternelles. Il demeure fréquent de trouver, jusque sous la plume de mathématiciens contemporains, l'affirmation selon laquelle la réalité qu'ils étudient existe indépendamment d'eux, plus réelle par sa stabilité, sa cohérence et sa simplicité intrinsèques que celle à laquelle leurs sens donnent accès. Si, concèdent-ils, certains concepts forgés par les mathématiciens ont un statut d'outil exploratoire, ils permettent de mettre en évidence des propriétés des êtres mathématiques (comme celles liées à la suite des nombres premiers : infinité et raréfaction), qui n'ont rien d'un artefact.

Une partie de l'héritage platonicien se retrouve de manière plus ou moins consciente dans la démarche commune aux sciences naturelles et à certaines sciences sociales (économiques en particulier), consistant à construire un modèle (paradigme) des phénomènes étudiés. Certes, il ne s'agit plus de viser une réalité préexistante et transcendante, mais de dégager une configuration formelle et abstraite, dont l'étude pour elle-même met en évidence des propriétés qui échappaient à l'observation immédiate. La confrontation expérimentale permet dans certains cas de tester la validité du modèle. L'intelligibilité découle ici comme chez Platon de ce que l'intelligence se donne un objet qui lui convienne, libéré des imperfections de la réalité sensible et susceptible d'une analyse mathématique. Toutefois, à la différence de la pensée platonicienne, cette méthode ne cherche nullement à donner au modèle une assise ontologique distincte de celle que lui fournit une éventuelle corroboration empirique.

2. *La politique*

Là encore, Platon ne fut pas suivi directement. Aristote critiqua vigoureusement sa cité idéale, rejetant en particulier l'abolition de la sphère privée (incluant la propriété et la famille). Après la mort d'Aristote, le paysage politique changea : la déliquescence de la cité grecque, son absorption dans l'Empire, macédonien d'abord, romain ensuite, détournèrent la pensée politique d'une réflexion sur les institutions et les structures du pouvoir. Ainsi, les philosophes de l'époque hellénistique et chrétienne axèrent leur enseignement sur l'acquisition de vertus individuelles (morales) plutôt que civiques (politiques). L'idée centrale de Platon de confier le pouvoir aux philosophes, ou de convertir les rois à la philosophie — pièce fondamentale de la structure de la cité qu'il préconise, en même temps que condition de sa réalisation —, persista bien, en un sens, dans la société antique jusqu'au siècle des Lumières et au-delà, sous la figure du philosophe conseiller du prince (que Platon lui-même amorce dans certains passages d'un dialogue postérieur à la *République*, le *Politique*). Il importe cependant de noter le glissement qui se produisit. En s'effaçant et en réclamant pour lui-même un rôle plus discret, le philosophe n'avait plus à questionner le pouvoir établi d'un point de vue politique. Son entretien avec le prince s'intéressait moins à la source ou à la forme de son autorité qu'à sa perfection morale, son accès possible à la sagesse, et éventuellement à la prudence et à la mesure dont il doit faire preuve dans l'exercice de son pouvoir.

Platon restait encore soucieux de proposer une réflexion sur la cité ; une science politique est à ses yeux possible, guidée par la connaissance dialectique des formes et du Bien. Aristote pour sa part considérait que les affaires politiques entrent dans le domaine du contingent, dont il ne peut y avoir science. Néanmoins, il soulignait l'utilité d'une bonne délibération et d'une réflexion sur les formes de gouvernement et leur appropriation à la cité et au bonheur des citoyens. Voilà ce qui est progressivement perdu de vue dans l'Antiquité et qui ne reprendra vie qu'à l'âge classique. Au XVIIIe siècle, Kant (1724-1804), faisant écho aux thèses de la *République*, déclarera par exemple : « Que les rois philosophent ou que les philosophes deviennent rois, on ne doit pas s'y attendre, mais il ne faut pas non plus le souhaiter, parce que la possession du pouvoir corrompt inévitablement le jugement libre de la raison. Mais que les rois ou les peuples rois [...] n'amènent pas la classe des philosophes à disparaître ou à se taire, voilà qui est indispensable aux uns et aux autres pour éclairer leurs affaires » (*Projet de paix perpétuelle*, 1795).

Un autre aspect de l'approche platonicienne de la cité,

largement repris à partir du XVIe siècle avec Thomas More (1478-1535), est l'utopie. La *Callipolis* décrite dans la *République* est une cité « en paroles ». C'est une construction intellectuelle, un plan esquissé offrant une illustration suffisante de la justice réalisée dans la cité. Le projet platonicien est rationaliste dans sa dimension descriptive comme normative : il promeut une science des régimes politiques par l'analyse d'un idéal type, en même temps qu'il propose une refondation de la cité pour y installer le gouvernement de la raison.

Sans doute s'agit-il par ce dispositif théorique de décider d'un écart par rapport à la réalité empirique, écart par lequel cette réalité se laisse juger. Mais, tant par la coercition interne qu'il recommande que par les moyens drastiques de réalisation qu'il envisage, on peut aussi y déceler une puissante volonté d'assujettissement, un vif désir d'une mise en ordre définitive de la société. Si de ce fait Platon prête le flanc aux accusations de Karl Popper (1902-1994), qui voit en lui un ennemi de la société ouverte, il faut néanmoins rappeler qu'il n'y a pas chez lui de clôture politique de la cité. Celle-ci est bâtie pour permettre en son sein une activité spéciale, la philosophie. De ce point de vue, c'est un contresens de faire de Platon le père de ces totalitarismes modernes qui enferment la société dans une finalité exclusivement politique (ou économique) : la cité platonicienne sert un autre but qu'elle-même, elle favorise l'émergence de ces singularités que sont les philosophes indifférents à l'argent, au pouvoir ou au bien-être.

La figure du philosophe

1.

Naissance et origine

Platon est né en 428/427 avant J.-C., dans une famille de l'aristocratie athénienne. Par son père Ariston, il descendrait de Crodos, le dernier roi d'Athènes, lui-même issu d'une lignée prétendant se rattacher à Poséidon. Sa mère, dont la famille se rattachait à la maison de Solon, était la cousine de Critias et la sœur de Charmide, membres actifs de la tyrannie des Trente qui sévit durant l'année 404 à Athènes sous la domination de Sparte, l'ennemi victorieux.

1. *Critias*

Platon fait intervenir à plusieurs reprises Critias dans son œuvre, sans qu'on puisse dire quelle fut son influence. Car Critias est un personnage contrasté et haut en couleur. Aristocrate raffiné et cultivé, c'est un familier de Socrate ; sans doute est-ce en souvenir de leurs relations qu'il évite à celui-ci la mort qu'aurait dû entraîner sa désobéissance aux ordres illégaux et criminels des Trente. Critias est aussi un homme politique redoutable et audacieux, prenant la tête du parti oligarchique, éliminant sans procès ses rivaux, faisant régner la terreur, exécutant ou exilant ses adversaires (1 500 morts à son passif d'après Aristote). Courageux, il meurt les armes à la main sur le champ de bataille où il livrait combat aux démocrates. Il ne reste que quelques fragments de son œuvre dont l'inspiration semble être celle d'un acteur et théoricien réaliste et lucide. Il soutient la distinction entre la pensée et les sensations (l'exercice de la première permettant de lutter contre les tromperies des secondes), la supériorité d'un noble caractère inflexible sur la loi que le discours peut tirer en tous sens, l'interdiction de l'enseignement de l'art rhétorique au peuple (apparemment pour le réserver à une élite) et, enfin, l'utilité de la crainte des dieux pour empêcher les infractions aux lois.

2. *Rôle dans les dialogues*

Curieusement, Platon le présente sous un jour plutôt favorable, puisqu'il le fait discuter cordialement avec Socrate dans le *Charmide*, lui attribuant même à propos de la modération cette définition : « faire les choses qui sont nôtres », que Socrate reprendra et développera dans la *République* à propos de la justice. C'est aussi Critias qui dans le *Timée* et le *Critias* rapporte le récit que Solon fit de son voyage en Égypte. À cette occasion, Solon apprit l'histoire de l'Atlantide et de la guerre qui l'opposa à l'ancienne Athènes dont les institutions sont proches de celles qu'expose la *République*. Peut-être les sympathies de Critias pour Sparte expliquent-elles le choix du rôle qu'il tient dans les dialogues : c'est pour Platon l'occasion de signaler qu'un des motifs de sa réflexion politique vient du contexte de guerre civile à Athènes, qui opposa les oligarques proches de Lacédémone aux partisans de la démocratie impériale athénienne.

2.

La mort de Socrate

L'échec des membres de sa famille et sans doute aussi le déshonneur qui s'est attaché à leurs excès ont retenu Platon de s'engager pleinement en politique. Mais c'est surtout la condamnation de Socrate à la peine capitale, au terme d'un procès public devant un jury de 500 citoyens tirés au sort et aux motifs de « ne pas croire aux dieux de la cité, d'introduire des divinités nouvelles et de corrompre la jeunesse » (Xénophon, *Mémorables*), qui le détourna de jouer un rôle public à Athènes. Notons cependant que le désaccord qu'il pouvait avoir avec les institutions politiques de sa ville ne fut pas tel qu'il préférât partir et s'installer ailleurs. Dans l'*Apologie de Socrate*, il fait dire à ce dernier que par son choix de rester à Athènes, il avait souscrit à ses lois, et contracté à leur égard une dette puisqu'elles l'avaient « élevé » et fait de lui ce qu'il était. Platon n'ignorait pas qu'il était athénien, dissident sans doute, mais athénien quand même. Et il savait bien, comme l'attestent ces nombreux prologues où Socrate se montre désireux d'interroger ou d'écouter les étrangers de passage, que ce n'est pas dans le climat intellectuellement confiné et stérile de Sparte qu'il aurait pu fonder son Académie.

1. *Conséquences*

Toutefois, il est certain que la mort de Socrate conduisit Platon à changer son rapport à la politique : ce n'est plus à Athènes qu'il chercha à influencer le pouvoir en place, mais à l'extérieur, en Sicile ; ce n'est plus dans un cadre démocratique, mais dans un cadre tyrannique. On peut aussi considérer que la rédaction de la *République* fut la réponse théorique à la disparition de son maître. Dans le livre 6 (494c-e), il est fait allusion aux menaces de procès qui guettent le vrai éducateur, manière habile pour Platon de faire évoquer par Socrate la cause réelle de sa condamnation : l'irritation qu'il suscita chez d'ambitieux démagogues dont l'inconsistance idéologique était cruellement mise en lumière par son questionnement. Ce n'est pas parce que Socrate aurait méprisé le peuple que celui-ci se serait vengé. C'est plutôt que certains, blessés dans leur vanité et leur prétention politique, se sont servis du peuple pour assouvir leur ressentiment. Socrate a peut-être manqué de prudence dans le choix de ses interlocuteurs. De toute façon, la nouvelle cité envisagée dans ce dialogue est précisément conçue pour rendre impossible et inconcevable sa mise à mort, tout simplement parce qu'elle lui donnerait le pouvoir. Il est vrai qu'elle ne tolérerait pas non plus la parole ouverte et démocratique de Socrate telle que Platon la décrit dans ses premiers dialogues. La philosophie et l'interrogation socratique seront, en effet, réservées au petit nombre capable d'en tirer profit. La pratique politique est aussi appelée à changer : alors que le Socrate des premiers dialogues est critique, éprouvant le savoir et la vertu de ses concitoyens, les philosophes de la *Callipolis* seront directifs, prescrivant aux uns et aux autres la tâche qui leur incombe.

3.

Les voyages de Platon

Suite à la mort de Socrate, Platon se serait réfugié à Mégare car il craignait qu'on n'inquiète à Athènes les disciples du condamné. Il entama probablement ensuite une série de grands voyages qui le conduisirent en Cyrénaïque (l'actuelle Libye) et en Égypte. Puis il visita l'Italie du Sud, où s'étaient installées de nombreuses colonies grecques. Il entra en contact avec le mathématicien, philosophe et homme d'État Archytas de Tarente qui devint son ami. Par son intermédiaire, il prit connaissance des doctrines pythagoriciennes. Archytas a dirigé la cité de Tarente pendant sept années et son gouvernement a pu fournir un exemple des avantages qu'une cité pouvait retirer de son administration par un philosophe.

1. *Première visite au tyran*

Platon passa ensuite en Sicile (388-387), où il se rendit à la cour de Denys I, tyran de Syracuse. Sans doute ce dernier chercha-t-il à attirer le philosophe dans le cadre d'une politique de prestige, lui-même se piquant de poésie et de philosophie. Peut-être un changement dans ses alliances politiques le conduisit à se séparer de Platon. Quoi qu'il en soit, au bout de quelques mois, Platon retourna à Athènes. Il garda de ce premier séjour le souvenir de mœurs siciliennes corrompues (celles du tyran ne faisant pas exception). Les changements de régime que connut Syracuse aux Ve et IVe siècles lui parurent la conséquence inévitable d'un mode de vie saturé de plaisirs. C'est d'ailleurs selon toute probabilité Denys I qu'il vise quand il fait le portrait du tyran en spoliateur des riches, de la minorité et des cités amies (*Lettre* VII, dont nous admettons l'authenticité).

Une tradition voudrait que, lors de son voyage de retour, il ait été vendu en esclavage à Égine, alors en guerre contre Athènes. Peut-être fut-ce l'effet d'une machination de Denys, ou d'une tempête qui jeta le bateau sur les côtes ennemies. Aristote semble faire allusion à cet épisode pour illustrer le concept d'accident malencontreux (*Métaphysique*). Platon aurait été alors racheté par le Cyrénaïque Anniceris qui l'aurait reconnu et libéré. La littérature ultérieure prit plaisir à développer cette anecdote, y voyant une illustration de la vertu du philosophe affrontant les aléas de la fortune. En tout cas, il est remarquable que dans la cité de la *République* il n'y ait pas de place pour les esclaves, contrairement à toutes les autres cités grecques. La société platonicienne est divisée selon un principe de spécialisation, chacun appartenant à la classe correspondant à la fonction qu'il doit exercer en vertu de ses aptitudes naturelles. De ce point de vue, la distinction libre/non libre est sans pertinence. Les producteurs et nourriciers de la cité sont des hommes libres et ce n'est que lorsque cette cité entame sa décadence que l'esclavage peut surgir. En outre, l'abolition de la propriété pour les classes supérieures entraîne immédiatement la suppression de la possession privée d'esclaves. Jamais toutefois Platon ne prend parti contre l'esclavage pour des raisons morales ; et, lorsqu'à la fin de sa vie il esquisse les plans d'une autre cité dans les *Lois*, il rétablit la propriété privée et l'esclavage, proposant même des sanctions particulièrement dures pour punir toute désobéissance.

2. *La tentation de Syracuse*

Platon avait eu l'occasion durant son premier séjour à Syracuse de se lier avec le beau-frère du tyran, Dion. L'enthousiasme de ce dernier pour la philosophie, la perspective d'influencer Denys II, le fils et successeur de Denys I, qui semblait montrer de bonnes dispositions, incitèrent Platon à revenir à Syracuse quelques années plus tard. Pour le convaincre, Dion lui représenta que s'ouvrait à lui l'espoir de voir les mêmes hommes être à la fois philosophes et dirigeants d'une grande cité (*Lettre* VII). Platon confesse que ce qui fit pencher la balance était que le moment était venu d'essayer de « réaliser ses conceptions en matière de loi et de régime politique » : il n'y avait « qu'un seul homme à convaincre et cela suffirait pour assurer en tout l'avènement du bien ». Mais quand Platon débarqua à Syracuse pour la deuxième fois, en 367, il trouva la cour divisée et le parti de Dion objet d'une campagne de dénigrement.

Denys II, suspicieux à l'égard de Dion en raison des qualités de ce dernier et de sa parenté dynastique avec son père, décida finalement de l'exiler. Il resta cependant courtois envers Platon, lui donnant même des marques d'amitié. Mais c'était surtout pour en recevoir des éloges. Finalement, il consentit à son départ, après l'avoir retenu quelque temps dans une forteresse en face de Syracuse.

Denys II ne fut pas l'auditeur assidu de Platon durant son séjour, mais il eut quelques discussions avec lui et avec Dion avant qu'il ne décide de chasser le philosophe. Quelle en fut la teneur ? Platon indique dans la *Lettre* VII la règle qu'il suivit à ce sujet : il est indigne, note-t-il, de dire à quelqu'un, particulier ou tyran, les approbations et les flatteries qu'il espère ; mais rien ne force à donner des conseils à quelqu'un qui n'est pas disposé à les entendre et à les mettre en œuvre. Ce serait l'irriter inutilement, et — quand il s'agit d'un tyran —, s'exposer soi-même à la mort et susciter des troubles révolutionnaires pires que les maux que l'on veut soigner. « Quand il n'est pas possible d'assurer l'avènement du meilleur régime sans bannir et égorger les hommes, il vaut mieux rester tranquille et prier pour son bien personnel et celui de la cité. »

Ce préambule éclaire la suite, où on s'aperçoit que les conseils dispensés à Denys avec l'aide de Dion ne concernaient nullement la philosophie, mais la stratégie politique. Platon lui expliqua comment réussir mieux que son père, en s'entourant d'amis et d'alliés fidèles et en prenant pour exemple Athènes ! Une politique appropriée de colonisation, de législation et d'alliances devait permettre de repousser définitivement l'influence des Barbares (Carthaginois) et de s'assurer un empire au moins deux fois plus grand que celui de Denys I. Quant aux recommandations qu'il réitère aux partisans de Dion (à qui est adressée la *Lettre* VII), elles consistent dans le refus du despotisme qui doit laisser place à l'obéissance aux lois. Pour appuyer celles-ci, ajoute-t-il, il importe de *croire* à l'immortalité de l'âme, aux jugements et aux châtiments terribles qui l'attendent quand elle sera affranchie du corps, bien que nul ne soit immortel par nature. Il préconise également le respect des vaincus, l'égalité de la loi pour tous, l'institution d'un sage conseil de législateurs choisis parmi les citoyens les plus âgés et les plus respectables. Tout cela forme un programme bien éloigné de la *République* : c'est un gouvernement de la vertu et de la loi, et non de la philosophie, qu'il appelle de ses vœux.

En somme, l'analyse du compte rendu par Platon de son deuxième voyage en Sicile révèle qu'il n'était guère dans son intention de réaliser la « cité en paroles ». Peut-être a-t-il espéré acquérir de l'influence sur Denys II, mais seulement pour réorienter sa politique dans une perspective d'unification et d'harmonie entre les cités de Sicile, et de dépersonnalisation du pouvoir. C'est un projet qui ressemble davantage à celui qu'esquisseront les *Lois.* Peut-être est-ce de la part de Platon une reconstruction après coup, mais il est certain que, lors de son deuxième séjour à Syracuse, il ne pouvait sérieusement s'imaginer bâtir sa cité de la *République* : on ne devient philosophe dans cette dernière qu'après un long cursus, qu'il eût été très improbable de voir Denys entamer. De plus, la taille de l'empire de Denys II, certes variable au cours de son règne, excède de très loin celle que Platon envisage pour sa cité, qui reste limitée afin de préserver son unité. En outre, le pouvoir à Syracuse repose sur des mercenaires, que tout oppose à la classe des Gardiens et des auxiliaires décrite par Socrate. Enfin Syracuse est une cité maritime, alors que la cité de la *République* se tient à l'écart de la mer, à l'intérieur des terres.

3. *L'abandon du philosophe-roi*

Platon accepta de revenir une dernière fois en Sicile en 361. Il voulait d'abord plaider auprès du tyran la cause de Dion en exil et s'acquitter ainsi des devoirs de l'amitié. Mais un autre scrupule explique son retour réticent. La philosophie, on l'a dit, a été absente du précédent voyage.

Un plan d'action conforme à l'esquisse de la *République* eût au contraire exigé qu'elle soit au centre des préoccupations. Or Denys se prétendait maintenant philosophe. Platon doutait de la sincérité et de la profondeur de cette conversion. Retourner en Sicile, et soumettre Denys à examen comme il le fit dans le seul tête-à-tête qu'il eut jamais avec lui sur des questions de philosophie, c'était s'assurer que le pédagogue n'avait pas fait preuve auparavant d'une coupable négligence. Naturellement, le conflit avec Denys s'envenima, et Platon ne dut qu'à l'intervention d'Archytas de pouvoir rentrer librement à Athènes, d'où il ne bougea plus jusqu'à sa mort en 347.

L'échec anticipé et sans appel de cette ultime entreprise est en quelque sorte l'adieu historique à la philosophie comme clé de voûte des institutions politiques. C'est le prélude au renoncement théorique qui apparaîtra dans le dernier ouvrage de Platon, les *Lois*, où la philosophie en son sens strict, dialectique, est à peine mentionnée parmi les activités auxquelles se livreront les magistrats de la cité.

4.

L'Académie

C'est probablement après son premier voyage en Sicile que Platon fonda l'Académie, sorte d'école installée dans un gymnase et un parc situés dans le faubourg nord-ouest d'Athènes, et dénommée *Academia*, d'après le nom d'un héros mythique. Parmi les élèves qui la fréquentèrent, figure Aristote qui y resta une vingtaine d'années avant d'aller fonder une institution rivale, le Lycée.

1. *Platon professeur ?*

Qu'enseignait-on à l'Académie ? Nos sources sont très lacunaires sur ce sujet. On nous rapporte seulement l'existence d'une leçon donnée par Platon (sur le Bien), ce qui est tout à fait insuffisant pour savoir s'il dispensait ou non un enseignement régulier. Certains ont cru, en s'appuyant sur de supposés témoignages d'Aristote, qu'il aurait réservé à des entretiens oraux des doctrines qu'il aurait refusé de coucher par écrit, doctrines dont le contenu différerait sensiblement de ce que l'on trouve dans les dialogues. Certes, Platon fait dans le *Phèdre* une critique sévère de l'écriture. Mais il n'en condamne pas tous les usages et cette critique s'accompagne également d'une critique de la parole et du langage en général. De plus, les passages d'Aristote censés faire allusion à des doctrines non écrites sont plus correctement interprétés comme visant Speusippe ou Xénocrate, successeurs de Platon à la tête de l'Académie, ou comme résultant d'une confusion entre les idées de Platon présentes dans les dialogues et celles de ses disciples dissidents. L'hypothèse d'un système platonicien caché, objet d'un enseignement oral au sein de l'Académie, ne s'impose pas.

2. *Études et recherches*

Il est fort probable que les étudiants reçurent une solide formation en mathématiques (géométrie plane et solide, théorie des nombres) conformément au programme qu'indique Platon dans la *République*. Platon s'intéressa aux recherches mathématiques, stimulant et critiquant les travaux de ses condisciples, mais il n'est pas certain que les résultats les plus avancés de cette recherche aient été intégrés au cursus scolaire. Les membres de l'Académie se préoccupèrent également de questions d'astronomie, notamment celle que leur posa Platon : quels sont les mouvements continus et ordonnés dont la supposition expliquera le mouvement apparent des planètes ? La solution d'Eudoxe (des sphères homocentriques avec des sens et des vitesses de rotation différents) diffère de celle d'Héraclide du Pont (les étoiles fixes demeurent immobiles tandis que la terre au centre tourne sur son axe d'ouest en est). Il n'y avait donc pas d'orthodoxie, et probablement pas d'enseignement canonique, sur ce sujet comme d'ailleurs sur toutes les questions de physique.

Pour ce qui est de la dialectique, la *République* la réserve à des hommes d'âge mûr, moins pour sa difficulté intrinsèque que parce qu'elle peut se dégrader aisément dans des mains inexpérimentées en un instrument de réfutation gratuite, propre à faire naître un scepticisme universel et désabusé (tel celui des sophistes). Peut-être ne figurait-elle pas dans le programme d'enseignement destiné aux étudiants ; néanmoins, les exemples du *Parménide*, du *Sophiste* et du *Politique* où des jeunes gens sont confrontés à des dialecticiens experts prouvent que des discussions dialectiques devaient être possibles, et même encouragées, au sein de l'Académie.

L'Académie n'était donc pas une école philosophique vouée à la défense et l'illustration de la doctrine et de l'enseignement du maître. Platon n'a rien cherché à imposer, sauf sans doute un entraînement mathématique. Si, dans une certaine mesure, l'opinion droite peut être inculquée, et si la politique ne peut négliger les divers moyens à sa disposition pour la faire pénétrer dans les esprits — persuasion et menaces —, en revanche, la vérité proprement dite échappe à toute contrainte, car elle est intérieure, effort libre de l'âme sur elle-même, ou elle n'est pas. La vie de Platon, consacrée au travail dans l'Académie, mais aussi prise par l'aventure politique, reflète cette dualité.

Trois questions posées au texte

LES TROIS GRANDES COMPARAISONS centrales de la *République*, le Soleil, la Ligne, la Caverne, sont destinées à éclairer la question du Bien. Celle-ci ouvre la longue voie dans la recherche des vertus qui, bien que déjà décrites au livre 4 dans leurs aspects psychologique et politique, sont à étudier de façon plus exacte dans leur essence, parce que cette connaissance offre l'exemple même de ce que les Gardiens doivent apprendre pour exercer leur fonction.

Dès lors, il s'agit de comprendre précisément pourquoi la science du Bien est le point culminant du cursus suivi par les futurs magistrats. Il faut expliquer ensuite la raison qui contraint Socrate à recourir à des images pour décrire cette science, son objet et ses effets. Il faudra enfin en éclairer le sens, afin de préciser autant que se peut la nature même du Bien.

1.

En quoi la science du Bien est-elle nécessaire ?

1. *La position du problème : significations pratique et épistémologique du Bien*

En premier lieu, indique Socrate, « l'idée (*idea*) du Bien, [c'est] la connaissance (*mathèma*) la plus importante »

(505a). L'*idea* désigne ici le caractère imposé par une forme intelligible, dont le discernement permet d'unifier une multiplicité. Quant au mot *mathèma*, il peut signifier l'objet de la connaissance, mais plus souvent encore la connaissance elle-même. De fait, Socrate va tout au long de ces lignes du livre 6 maintenir une double approche qui valorise l'idée du Bien en elle-même et par rapport à la connaissance.

Socrate soutient d'abord que c'est au moyen de l'idée du Bien que les choses justes deviennent utiles et profitables, proposition de prime abord déconcertante. Car toute l'entreprise de la *République* est de montrer que c'est précisément par la justice que les choses justes sont utiles et profitables, et méritent d'être poursuivies pour elles-mêmes. Sans doute faut-il supposer que la forme de la Justice implique un lien nécessaire à la forme du Bien, laquelle ne rend pas justes les choses justes (ce qui est l'œuvre de la forme de la Justice), mais fait des choses justes des valeurs, des choses désirables parce que dignes d'être désirées.

Ainsi les vertus, dont l'analyse a été faite selon la voie courte au livre 4 sont utiles, mais cette utilité est encore mal connue ; on sait ce que c'est que d'être juste ou tempérant, on ne sait encore ni pourquoi l'être, ni comment ces vertus sont liées les unes aux autres. L'explication naturaliste qui les fait correspondre aux fonctions du vivant, à sa santé et à son harmonie, est insuffisante pour une raison exigeante. Seul le Bien fournit un point fixe et ultime à la recherche des motivations pratiques.

Platon établit un parallèle sur le plan épistémologique. Toute connaissance qui ignore ou qui se tient à l'écart de la connaissance du Bien reste sans profit (505a). Proposition qui se justifie aisément eu égard aux techniques ou aux sciences pour lesquelles se pose la question de leur emploi opportun : quand et qui est-il utile de soigner ou de sauver du naufrage, ce n'est ni la médecine ni l'art du pilote qui l'enseignent, qui disent seulement comment soigner ou comment éviter le naufrage. Sur un registre voisin, Platon note au livre 10 que le juge du travail de l'artisan est son destinataire, l'usager. Une science architectonique des finalités est donc nécessaire, et elle trouve pour Platon sa possibilité et son fondement dans la connaissance du Bien.

Mais qu'en est-il des sciences qui ne visent qu'à la connaissance, en dehors de toute application pratique ? N'y a-t-il pas un intérêt propre à connaître tel ou tel intelligible ? Peut-être, mais cette valeur intrinsèque du savoir n'apparaît qu'à une pensée qui s'estime pleinement justifiée à poursuivre la vérité dans l'ordre théorique. Mais pourquoi préférer cette activité à celle qui consiste à se remplir le ventre ? C'est la vertu du Bien de procurer à l'âme du philosophe la raison d'être de ce qu'elle fait spontanément.

D'où le cercle dans lequel tournent les « subtils » (505b). S'ils disent que le bien, c'est la compréhension, la pensée, ils s'exposent à la difficulté suivante : s'agit-il de n'importe quelle compréhension ? Non, évidemment ; ils diront qu'il s'agit de la compréhension du bien. Mais alors il faut qu'ils s'expliquent sur ce bien, et leur première réponse s'avère rétrospectivement non seulement incomplète, mais fausse, puisqu'elle entraîne une régression à l'infini : le bien serait la compréhension de la compréhension... Si le bien est objet de la compréhension, alors la compréhension ne peut, ni en sa totalité, ni même en une de ses parties, être à elle seule *le* bien. En revanche, rien n'exclut logiquement de considérer que la compréhension du bien soit une partie du bien. Or Socrate vient de dire qu'une connaissance est avantageuse dès lors qu'elle est connaissance du bien (505b). Elle fait donc partie du bien sans l'épuiser. Il faut ajouter que si la compréhension du bien fait partie du bien, ce n'est pas simplement à titre d'instrument ou de moyen, selon le schéma classique d'après lequel il faut connaître le bien pour le réaliser ou pour l'acquérir. Ce serait, en effet, ruiner le parallélisme que Platon entend maintenir entre d'une part les connaissances et la connaissance du bien et, d'autre part, les choses que l'on acquiert et le bien lui-même. Une science ou une pensée ne tire pas sa valeur du seul fait qu'elle contribuerait à l'acquisition du bien (par l'action ou par l'imitation), mais aussi de ce qu'elle est liée à la connaissance du Bien. En ce cas, la valeur d'une connaissance découle de la valeur d'une autre connaissance, et cela n'est possible que parce que cette autre connaissance, la connaissance du Bien, dévoile le bien de la connaissance.

Le troisième point qu'aborde rapidement Socrate dans cet examen de l'idée du Bien, c'est la distinction fondamentale entre l'apparence et l'être du point de vue de ce que l'on recherche (505e). Pour la plupart des vertus, peu importe qu'elles soient réelles ou qu'elles le semblent, puisque le prix que le grand nombre leur attache résulte de leur manifestation aux yeux d'autrui; le bénéfice attendu est un bénéficie de réputation, comme l'expliquent Glaucon et Adimante au livre 2. Mais il n'en va pas de même avec le bien et avec tout ce qui peut être compté comme bien. Là, un doute s'insinue, une question se pose : ce que l'on croit être un bien l'est-il réellement? Nul ne veut être trompé en son âme relativement à son bien. Certes, cette inquiétude universelle ne vise en première approximation qu'un bien pour soi. Toutefois, les contours de notre nature et de nos désirs sont incertains : ils ne peuvent être l'unique référence à laquelle mesurer le bien. Aussi est-ce finalement un Bien absolu que l'âme réclame et poursuit à tâtons.

2. *D'un savoir absent et de la manière juste d'en parler*

Ce savoir du Bien n'est pas donné dans la *République*, mais il est éminemment possible puisqu'il est la clé des autres savoirs, cette connaissance que les Gardiens doivent absolument posséder. Il faut distinguer son mode d'acquisition, sur lequel nous sommes renseignés, de son contenu propre, sur lequel le dialogue reste discret. Socrate, assurément, n'en parle que du dehors. Mais comment définir cette extériorité ? Est-ce sur le mode prospectif? Comme formulation d'une expérience qui n'est pas encore faite mais dont on pressent et le contenu et les modalités? Après tout, n'est-il pas dit que chacun devine ce qu'il en est? Ou bien est-ce sur un mode rétrospectif? Exposition faite par celui qui a déjà acquis ce savoir, mais qui n'a ni le temps ni les moyens de l'enseigner ?

À vrai dire, seule cette deuxième option permet de garantir une certaine légitimité à l'analogie du Bien et du Soleil, à la Ligne, à la Caverne, qui risqueraient, sinon, de passer pour des fictions séduisantes mais vides. Une lecture complice doit prêter à Socrate la « vision » du Bien et admettre qu'il en parle en connaissance de cause. À ce sujet, il précise un point remarquable : il n'est pas juste, répond-il à Glaucon qui le presse de dire ce qu'il sait sur le Bien, de parler de choses que l'on ignore comme si on les connaissait (506c). Il ne dit pas que lui-même l'ignore. Le « on » est indéterminé. Le sens est plutôt : s'il était amené à en parler, il devrait inévitablement en parler comme s'il était connu, non seulement de lui mais aussi de son interlocuteur, ce qui pourrait le conduire à dénaturer son propos. C'est justement le danger qui guette les images qui suivent : Socrate emprunte des éléments et des rapports au visible pour évoquer l'intelligible ; le risque est d'engendrer une fausse familiarité avec son objet, du fait du rapprochement établi avec ce dont il est pourtant distinct et à quoi il s'oppose. Comme pour décourager son auditoire, Socrate prévient qu'il ne faudra pas chercher de la beauté dans ses paroles ; procurer une opinion dépourvue de science sur des matières où la plus grande exactitude est requise, n'est-ce pas manquer de mesure ? Le propre de la science, en effet, n'est pas d'ajouter quelque chose à l'opinion, mais de se substituer à elle. Mais à cause des limites inhérentes à leur discussion, Socrate doit borner son ambition et s'en tenir à ce qui n'est qu'une opinion, inspirée certes par la science mais néanmoins distincte d'elle. L'« élan trop faible » qui les anime ne peut les porter jusqu'au point que lui perçoit. Manière de dire pour lui que le déficit n'est pas imputable à son ignorance, mais plutôt à leur ignorance commune : ils ne disposent pas ensemble de cette expérience qui permettrait à leur discours d'atteindre l'objet lui-même (du moins ce que Socrate, pour sa part, en saisit).

Cette réflexion préalable aux trois grandes images se place aussi sous les auspices de la justice. Il est juste, indique Glaucon, que le participant à la discussion se souvienne de ce qui a été dit, il est juste aussi de donner sa propre opinion sans se contenter de rapporter celles d'autrui. Socrate précise que la justice requiert de parler comme il convient de son objet, avec la vérité appropriée. C'est d'ailleurs pourquoi il aimerait restituer le dû plus tard (le discours sur le Bien) en espérant que ses interlocuteurs pourront alors le *recevoir*. Pour l'instant, il se contente du rejeton (et donc du discours sur le « fils », le plus semblable au père — le Soleil) et des intérêts de la dette. On le voit, l'allocation à chaque chose et à chacun de ce qui lui revient prend dans le contexte dialogique la forme d'une dette que contractent les interlocuteurs tant les uns à l'égard des autres qu'à l'égard de ce dont ils discourent. Or Socrate constate que l'engagement à se faire entendre de Glaucon et d'Adimante se fait au détriment de l'objet même du dialogue. Lui et ses compagnons resteront encore redevables d'une parole qui lui rende justice.

On comprend alors le sens de l'aveu par Socrate qu'il craint de prêter à rire en satisfaisant la demande de Glaucon, d'exposer le Bien *comme* il a exposé la Justice et les autres vertus. Une certaine maladresse est le prix à payer pour présenter *de la même manière* des choses qui pourtant réclament des modes d'investigation fondamentalement différents. Reste que ces avertissements comme ces réticences préviennent le lecteur d'un décalage inévitable chez Socrate entre ce qu'il dit et ce qu'il sait.

2.

Comment parler de l'intelligible et de sa connaissance ?

1. *La dialectique et l'intelligible*

Le problème se resserre : pourquoi recourir à des figures et des analogies pour présenter la discipline supérieure de l'éducation philosophique, alors que celle-ci, nous apprend-on, récuse l'emploi des images ? N'y a-t-il pas là une contradiction manifeste ? Mais elle est si manifeste que justement Platon ne pouvait l'avoir ignorée. Quelle réponse implicite fait-il donc à cette objection massive ?

L'argument platonicien peut être reconstruit de la façon suivante : il n'y a pas de Forme de la dialectique qui soit justiciable elle-même d'une analyse dialectique. La dialectique est une puissance, qui ne s'appréhende pas directement, nous enseigne le livre 5, mais indirectement : par son objet et son effet. Le *Charmide* énumère d'ailleurs les difficultés et les apories qu'engendrerait l'idée d'une science de la science. Si la connaissance réflexive de la science doit bien sûr s'appuyer sur la mise en œuvre de celle-ci, elle n'est pas cependant de même ordre. Il est donc possible de situer la dialectique par rapport à d'autres formes de relations cognitives, mais il n'est pas possible d'en produire une définition dialectique.

Toutefois, à défaut de définir la dialectique elle-même, ne pourrait-on définir son objet ? En un sens, c'est bien ce que fait Socrate quand il développe l'image de la Ligne. Mais assigner l'intelligible comme domaine à la dialectique, et le distinguer du sensible en insistant sur sa nature éternelle et immuable, n'est pas réellement définir son objet. Car les traits généraux par lesquels Socrate met à part les réalités connues par l'intellect ne sont pas constitutifs mais dérivés : rien n'indique en eux le contenu de chaque essence. Quand la dialectique reconduit en chaque secteur de l'être une multiplicité donnée à son unité pensée, c'est à chaque fois pour mettre en évidence une détermination singulière : le Beau, le Juste, le Grand. Il n'y a donc pas une Forme des Formes, à laquelle tout terme intelligible devrait participer pour être intelligible — le supposer engendrerait d'ailleurs une régression à l'infini. Autrement dit, c'est parce qu'une forme est intelligible qu'elle possède ces caractéristiques d'intemporalité et d'identité, et non point parce qu'elle possède ces caractéristiques qu'elle est intelligible. S'il est exact que la dialectique s'applique aux Formes, on ne saurait pour autant proposer *une* définition réelle des Formes comme Formes : le pluriel a ici toute son importance, quelle que soit par ailleurs la communauté de second degré qui s'établit au sein de la multiplicité qu'il rassemble et nomme.

Faut-il alors qualifier la dialectique par sa méthode ? À Glaucon qui lui demande quel est le mode de la puissance dialectique, les espèces en lesquelles elle se divise, et les voies qu'elle emprunte, Socrate répond qu'il ne serait plus capable de le suivre, mais qu'il verrait le vrai lui-même et non plus son image (533a). Cette réplique remarquable à une question remarquable (demandant de procéder dialectiquement à l'examen de la dialectique) rappelle les limites de l'interlocuteur de Socrate. Elle indique aussi l'impossibilité de développer la méthode indépendamment de ce à quoi elle s'applique. On ne peut spécifier rigoureusement des procédures d'étude sans tenir compte de la nature de l'objet étudié et sans, ultimement, rendre compte de cet objet lui-même.

Nous pouvons dénouer maintenant l'apparente contradiction qui nous avait d'abord arrêtés : la dialectique, certes, s'abstient de recourir à des images mais, puisqu'elle ne s'applique pas à elle-même, il est parfaitement légitime de parler d'elle et de son domaine au moyen d'images qui aident à représenter relativement à d'autres son pouvoir. La métathéorie n'est pas soumise aux mêmes règles que la théorie.

2. *La Ligne et son symbolisme*

Examinons maintenant, sur l'exemple de la Ligne, la construction d'une figure donnant à penser ce qui dépasse la figuration. Pour exprimer les rapports de l'intelligible et du visible, Socrate divise une ligne continue en deux parties inégales. Chacun des segments est à son tour sectionné selon la même proportion. À chacune des quatre sections sont associés un genre d'objet et une « attitude » de l'âme.

Les deux premiers genres relèvent du visible, lequel ne doit pas être pris au sens étroit de ce qui est appréhendé par la vue, puisque Socrate le dénomme aussi « opinable », objet de la *doxa*, « opinion ». Ce qui, étant donné l'opposition constante entre l'opinion et la science chez Platon, suffit à établir la portée ontologique et épistémologique des sections inférieures de la Ligne ; elles symbolisent tout ce qui est donné aux sens et valorisé ou dévalorisé par l'opinion, entités naturelles ou fabriquées : ombres et statues, monuments et spectacles, êtres vivants et outils... L'*eikasia* ou « perception des ressemblances » est appréhension naïve des images, familiarité spontanée avec les apparences. C'est l'acceptation pure et simple des « évidences » par imprégnation sensible et culturelle, la soumission sans recul ni critique aux mythes, aux éloges et aux blâmes qui dépeignent d'une certaine manière notre réalité et notre vie.

La découverte qu'il s'agit de représentations arbitraires est une première désillusion. L'appréhension des originaux sensibles, l'expérience et le développement du sens pratique font naître le sentiment d'une assurance plus forte et plus maîtrisée que celle qui se laissait entraîner par le jeu glissant des images. C'est la *pistis* ou « conviction », deuxième attitude de l'âme.

Mais on se meut toujours dans la sphère de l'opinion. On n'en sort que lorsque par la « pensée » (*dianoia*) on accède aux réalités mathématiques, moyennant la position d'hypothèses et l'emploi comme d'images des originaux sensibles. Une difficulté se présente ici : par la vertu de sa construction géométrique, les deux segments intermédiaires de la ligne sont égaux. Platon ne l'ignorait probablement pas, comme l'indique le jeu compliqué de correspondances qu'il établit en 534b. Mais quelle conséquence en tirer ? On a cru que la ligne ne comportait en réalité que trois moments, d'autant que, au moment où Socrate revient au livre 7 sur les objets associés à chacune des attitudes de l'âme, il se garde d'indiquer le répondant ontologique de la *dianoia*. Mais certains points sont incontestables : d'abord le carré en soi, les angles, les nombres constituent des formes intelligibles de plein droit, et c'est la manière de les connaître en mathématiques qui les distingue, non leur nature. Ensuite, les objets de la « conviction », les choses sensibles, ne sont point les objets de la « pensée » : celle-ci se sert seulement de ceux-là pour concevoir les réalités spécifiques qu'elle vise. Par conséquent, il est impossible d'assimiler la première section de l'intelligible à la seconde section du visible.

On peut toutefois suggérer que le propre de la pensée dianoétique est de construire des paradigmes à partir de l'intellection d'un intelligible. Il y aurait ainsi comme un *quasi-objet* qui caractérise le mathématicien dans sa pratique. Il aménage certaines réalités sensibles de manière à en faire les approximations d'un modèle, ou d'une pluralité de modèles, posés quant à eux comme réalisations *parfaites* et *idéales* des propriétés géométriques ou arithmétiques comprises dans l'essence de l'être considéré. Ainsi en va-t-il des longueurs égales qu'examine le géomètre, par exemple celles des deux segments intermédiaires de la Ligne, ou encore des deux carrés dont l'un est le double de l'autre dans le *Ménon*, ou même de la pluralité des unités identiques dont sont composés les nombres naturels (526a). Le mathématicien s'endort dans cet univers d'idéalités, oubliant que celui-ci n'est qu'un rêve (533c), que le discours, joint à l'imagination, l'a aidé à fabriquer.

Ces artefacts ont un intérêt heuristique, ils n'ont pas d'existence propre.

Rien n'oblige à limiter la construction de modèles à la seule mathématique : l'élaboration de la cité idéale dont on suppose qu'elle se fait en regard de la forme de la justice obéirait à la même logique. De ce fait, on pourrait dire que la *République* se tient tout entière au niveau de la *dianoia*.

En revanche, l'image de la Ligne ne peut elle-même être située sur un des segments de la Ligne, elle n'est pas autoréférentielle (en particulier elle n'est pas assignable à sa troisième partie). Car c'est une image dont on ne peut user pour comprendre *une* forme intelligible déterminée, mais pour situer les uns par rapport aux autres les objets de connaissance et les états de l'âme qui s'y rapportent. Un *même* symbole visible — un segment droit — représente tantôt le visible lui-même, tantôt l'intelligible. C'est que « l'intelligible » ou « le visible » ne sont ni des essences ni des choses particulières, comme peuvent l'être la Justice en soi ou l'homme qui me fait face, mais des catégories ou des ensembles dépourvus de réelle individualité.

3.

Qu'est-ce que le Bien ?

Dans l'allégorie de la Caverne, Socrate décrit l'ascension d'un prisonnier jusqu'à atteindre la vue du soleil, métaphore du Bien, en quatre étapes correspondant sur un plan diachronique et dynamique aux quatre segments de la Ligne. L'enchaînement du prisonnier le condamne à ne percevoir que des ombres (*eikasia*), tandis que son retournement, qui produit le trouble dans un premier temps, peut à l'usage lui donner une assurance supplémentaire (*pistis*), qu'il partage le point de vue des marionnettistes, ou que, dans cette succession d'ombres conventionnelles, certaines lui paraissent plus dignes de confiance que d'autres. Toute la phase d'ascension, avec en particulier la découverte des reflets à la surface des eaux à l'extérieur de la caverne, correspond à la pensée dianoétique au travail dans les disciplines mathématiques, tandis que la perception des choses et de l'astre lumineux correspond à la dialectique et à la connaissance du Bien.

La Caverne, à la différence de la Ligne, met en scène une succession de ruptures et de mouvements en partie subis, en partie voulus (déliaison, rotation, ascension). Autre point remarquable, elle use plus largement encore du schème de la ressemblance. Dans la Ligne, seuls les deux premiers segments sont unis par un lien mimétique donné, qui est ensuite construit par l'imagination entre le deuxième et le troisième, et qui n'existe plus du tout entre le troisième et le quatrième. En revanche, il se trouve à toutes les étapes de la découverte de la réalité par le prisonnier, où il sert plus à illustrer les transformations que l'âme éprouve dans sa relation à la réalité qu'à figurer les liens qui unissent les différents types d'objets. La perception à chaque étape d'un nouvel original exprime, sur un mode imagé, l'effet que produit sur l'âme l'accès à un savoir plus authentique et plus vrai, elle ne fournit pas (nécessairement) la clé du rapport entre le devenir et l'être.

La fin de l'allégorie rejoint la première grande comparaison développée par Socrate entre le Bien et le soleil. Mais pourquoi, demande à nouveau le lecteur, cette *idea* singulière n'est-elle pas proprement, c'est-à-dire dialectiquement, définie ? Faute d'un entraînement suffisant de mes compagnons, répond Socrate. Certes, mais n'est-ce pas Platon qui choisit ses personnages ? De plus le savoir du Bien n'est pas une intuition ineffable, il se joue dans l'espace du logos (532a-b, 534b-c). Sans doute faut-il admettre que le Bien est moins l'objet de propositions spécifiques qu'une puissance qui se manifeste par la capacité même à discuter et à confronter les hypothèses, à en rechercher de nouvelles, et à remonter aux divers principes de la réalité intelligible. L'*idea* du Bien ne se dirait donc qu'indirectement, par le jeu dialectique dont elle est la source pour les penseurs aguerris. À défaut de déployer ce jeu sérieux, dans sa modalité synoptique, Socrate manie la métaphore.

1. *La puissance du Bien*

Socrate suggère une égalité de rapports entre le soleil et le visible d'une part, le Bien et le lieu intelligible d'autre part. Cette analogie met en exergue la causalité du Bien sur deux plans étroitement liés, épistémologique d'abord, ontologique ensuite.

Dans le visible, la lumière assume une fonction de lien qui permet à la puissance de voir de s'exercer et à celle du visible d'être vu. Le soleil est source de la lumière, et il procure sa capacité de vision à l'œil, qui lui ressemble par sa forme. Le soleil est le rejeton du Bien dans le lieu visible ; dans le lieu intelligible, le Bien dispense la vérité et l'être, qui jouent un rôle analogue à la lumière : quand l'âme contemple ce qu'ils éclairent, elle le conçoit et en acquiert l'intelligence, bien que sa capacité à intelliger ait été fournie à l'âme par l'idée du Bien elle-même. Celle-ci apparaît donc à l'intelligence comme la source de son pouvoir, en même temps que comme la condition d'une réalité intelligible, c'est-à-dire d'une réalité dont l'entière détermination (ce que Platon appelle être et vérité) permette en retour de déterminer l'intelligence qui s'y applique. Le Bien autorise l'ajustement réciproque du sujet connaissant à l'objet connu. Il justifie ainsi l'âme dans son travail de penser et de recherche. Ce n'est pas seulement qu'elle en a le désir : à la lumière du Bien, elle comprend son propre désir de comprendre.

L'image du soleil trouve un prolongement cosmologique et ontologique : l'astre du jour procure croissance et nourriture ; par sa chaleur et sa lumière, il porte à la vie tout ce qui naît et devient ; bien que visible, lui-même n'est pas soumis au devenir, dans ce sens qu'il ne connaît pas d'extinction, que son mouvement est régulier et qu'il est au principe des autres devenirs. D'une manière semblable, il faut comprendre que le Bien procure aux choses connues, en sus du fait d'être connues, l'être et aussi l'essence, lui-même n'étant pas l'essence, mais au-delà encore de l'essence par l'aînesse et la puissance (509b).

Ce passage mystérieux a fait couler beaucoup d'encre. Une des difficultés est le sens que l'on donne à être et à essence. Le premier terme renvoie à l'existence de plein droit, non accidentelle (par exemple, elle n'est pas l'existence d'une notion qui n'existe que dans l'esprit qui la pense et pour autant qu'il la pense), sans les limitations de l'espace et du temps (des qualifications comme ici, là-bas, maintenant, tout à l'heure, n'ont pas de signification pour elle). Quant à l'essence, ce terme désigne, d'après Platon, cela même qu'est la réalité considérée, cette identité et cette singularité propres qui font qu'elle est ce qu'elle est et non point autre chose.

On peut naturellement se demander comment le Bien peut *ajouter* l'essence et l'existence aux réalités connues. C'est là le point le plus délicat de l'affaire. La moins mauvaise solution est sans doute de considérer que le Bien est ce qui fait de chaque intelligible une détermination première, ou plutôt finale, au-delà de laquelle il n'y a plus lieu de chercher une raison d'être, mais qui se suffit et constitue pour les réalités sensibles en devenir un pôle d'attraction. Ainsi, le Bien procure l'être et l'essence, non au sens où il les ferait naître, ni au sens où il les attacherait à quelque réalité déjà là, ce qui renverrait à une causalité relevant du devenir, mais au sens où il les rend présents et disponibles pour toute chose en quête de détermination. Le lien au Bien donne ainsi une coloration téléologique aux intelligibles : chacun d'entre eux fixe pour ce qui manque d'être ce que c'est que d'être : être déterminé, et de manière unique et singulière. Voilà à quoi peut légitimement aspirer toute réalité inachevée qui vit sous l'empire du Bien et qui en approfondit progressivement la puissance. On voit donc en quel sens le Bien est au-delà de l'essence, puisque c'est lui qui à chaque fois en pose et en manifeste la valeur. Mais il reste lui-même un être, « la partie la plus heureuse de l'être » (526e, 518c-d), celle dont la connaissance fait comprendre la valeur même de la connaissance, en même temps que l'avantage d'être sur le mode de l'essence. Cela, le philosophe ne le saisit qu'au terme de son parcours dans l'intelligible (532a-b), car il ne se révèle qu'à l'usage même de la dialectique (534b-d). Bien qu'éminemment compréhensible, il ne l'est pas pour qui demeure hors de cette pensée.

L'allégorie de la Ligne telle qu'exposée par Socrate :

E

Intelligence (*noesis*)
Intelligibles connus par la dialectique

D

Pensée (*dianoia*)
Intelligibles connus selon des procédures mathématiques

C

Conviction (*pistis*)
Vivants et objets fabriqués

B

Perception des ressemblances (*eikasia*)
Images

A

Et la démonstration sous-entendue par Platon :

Les proportions de la ligne sont les suivantes :
AC/CE = AB/BC et AC/CE = CD/DE (510d)
Ce qui implique immédiatement l'égalité :
AB/BC = CD/DE
Une deuxième égalité est impliquée :
AC/CE = CD/DE ⇒ CE.CD = AC.DE

$\Rightarrow$ AC.CD + CE.CD = AC.CD + AC.DE

$\Rightarrow$ CD.(AC + CE) = AC.(CD + DE)

$\Rightarrow$ AC/(AC + CE) = CD/(CD + DE)

$\Rightarrow$ AC/AE = CD/CE

$\Rightarrow$ CD = AC.CE/AE

D'autre part

AB/BC = AC/CE $\Rightarrow$ (AB/BC) + 1 = (AC/CE) + 1

$\Rightarrow$BC/ (BC.((AB/BC) + 1)) = CE/(CE.((AC/CE) + 1))

$\Rightarrow$BC/(AB + BC) = CE/(AC + CE)

$\Rightarrow$BC/AC = CE/AE $\Rightarrow$ BC = AC.CE/AE

$\Rightarrow$ BC = CD

L'égalité des segments intermédiaires est un résultat que Platon connaissait (voir 534a).

Groupement de textes

Savoir et pouvoir

PHILOSOPHES ROIS, ROIS PHILOSOPHES : le savoir doit commander au pouvoir. Vaste programme que la *République* veut remplir de manière bien étrange. Car si le contenu du savoir suprême est indéfini et programmatique, l'articulation de ce savoir au pouvoir reste également floue. Comment la connaissance de réalités purement intelligibles débrouille-t-elle l'écheveau des circonstances, des occasions et des situations politiques ? Comment le philosophe verra-t-il dans tel acte ou dans tel changement ce qui est approprié à la justice des hommes et à celle de la cité, à leur équilibre interne ? Pourtant, que son savoir ne lui donne pas des recettes, des procédures ni même une technique spécifique du gouvernement des hommes ne lui ôte pas sa vertu politique. Car seul un savoir délivré des contingences temporelles et des passions de l'histoire peut donner à la cité son véritable ancrage et la transformer en cette plante aérienne dont les racines s'entremêlent à un paradigme céleste (livre 9, 592b). Cette vérité de la philosophie, en surplomb et à distance de la politique, est ce qui confère aux yeux de Platon sa force : la cité se lie à un au-delà d'elle-même, et le rapport de cet au-delà à l'organisation de la cité forme le pilier central de l'institution politique. En un sens, peu importe que cette vérité soit inarticulée, l'essentiel étant qu'elle soit affirmée dans son principe et sa fonction d'autorité. Mais en un autre, et c'est la différence politique radicale à l'égard de toute fondation religieuse, cette vérité est éminemment articulable (rationnellement et dialectiquement), elle est donc susceptible d'entrer dans un rapport conflictuel déterminé avec le corps social ou une partie de celui-ci. Les philosophes doivent aussi rendre raison de leur pouvoir.

La position de Platon, qui dégage la singularité d'un désir de connaissance face à tous les autres appétits politiques, répond implicitement à l'idée qu'exprime le dialogue des Méliens et des Athéniens raconté par Thucydide : les hommes et leur discours n'auraient d'autre horizon que l'affirmation d'une volonté de puissance qui les dépasse et qui les emporte. Machiavel s'inscrit aussi dans ce courant réaliste. Toutefois il ne méprise pas le double jeu nécessaire à l'action politique. S'il n'est soumis à aucune légitimité supérieure, le pouvoir doit cependant apprendre à composer avec des fictions : il s'en réclame extérieurement, mais n'est pas tenu de les respecter toujours ; la politique est un spectacle, sa vérité est celle de l'apparence. Cet art de l'esquive et de l'expédient laisse la place, dans le monde totalitaire de *1984* d'Orwell, à la cruauté mentale, à la destruction méthodique et folle de la pensée qui chasse du vocabulaire le mot même de science. Largement en amont de ce délire organisé, Hannah Arendt récuse pour sa part ce qui lui semble être chez Platon une substitution du modèle de la fabrication à celui de l'action, par refus de reconnaître la fragilité des affaires humaines qui échappent à la législation du savoir théorique. Enfin, l'économiste Friedrich Ayek prolonge cette critique en soulignant qu'il est illusoire de vouloir confier à un centre quelconque la mise en ordre de la société, dont la complexité défie toute planification.

1.

THUCYDIDE (460-400 av. J.-C.)

La Guerre du Péloponnèse

(trad. de Denis Roussel, Folio classique n° 3332)

En 416-415 avant J.-C., les Athéniens, désireux de soumettre l'île de Mélos, colonie de Sparte, envoyèrent une députation chargée de négocier avec les Méliens leur capitulation et le tribut à payer pour la préservation de leur vie. La discussion qui se déroula entre les deux parties illustre la logique impériale, le pur discours de la force qui ne s'autorise que de lui-même.

Les Athéniens sont la voix anonyme de leur fonction. Ni impatience ni précipitation, encore moins de revendications ; pas de double langage non plus. La tranquille certitude de leur discours découle de l'évidence d'un rapport de force et de la nécessité inexorable dont ils sont les instruments. Celle-ci trouve son exacte expression dans l'invocation de cette loi qui s'impose aux hommes comme aux dieux, que chacun est le sujet de sa propre puissance et lui obéit en cherchant et en consolidant la domination, au prix même de sa perte. Car les Athéniens n'ignorent pas, comme les préviennent avec prescience les Méliens, que leur impérialisme coalisera contre eux les cités jusque-là indifférentes. La chute est tout aussi nécessaire que l'essor, et il est vain de se détourner par crainte d'une éventuelle défaite de l'affirmation naturelle de la force ; les calculs de la prudence n'ont qu'une portée subordonnée. Il n'y a pas dans cette perspective de place pour un jugement sur l'action qui soit extérieur à l'action, qu'il se réfère à des normes morales ou à des finalités transcendantes. La justice, quand elle existe, n'est affaire que d'équilibre et de compromis. Le pouvoir est à lui-même sa propre justification et le savoir borné à la reconnaissance de sa nécessité.

LES ATHÉNIENS. — Alors nous nous abstiendrons, pour notre part, de faire de belles phrases. Nous ne dirons pas que notre victoire sur le Mède nous donne le droit d'exercer l'empire ou que notre expédition ici se justifie par les torts que vous avez envers nous. Point de ces longs discours qui ne provoquent que le scepticisme. Et nous comptons bien que, de votre côté, vous ne tenterez pas de nous convaincre en nous disant que vous n'êtes pas entrés en guerre aux côtés de Sparte, bien que votre cité fût une colonie lacédémonienne, ou que vous ne nous avez jamais causé le moindre préjudice. Ne cherchez à obtenir que ce qui est possible, compte tenu des véritables intentions de chacun. Vous savez aussi bien que nous que, dans le monde des hommes, les arguments de droit n'ont de poids que dans la mesure où les adversaires en présence disposent de moyens de contrainte équivalents et que, si tel n'est pas le cas, les plus forts tirent tout le parti possible de leur puissance, tandis que les plus faibles n'ont qu'à s'incliner.

[...]

LES MÉLIENS. — Alors vous n'accepteriez pas que nous restions en dehors du conflit et que nous mettions un terme aux hostilités pour devenir vos amis, sans pour cela nous allier ni aux uns ni aux autres ?

LES ATHÉNIENS. — Non, car votre hostilité ne nous cause pas tellement de tort. Plus dangereuse serait votre amitié, que nos sujets interpréteraient comme un signe de faiblesse de notre part, alors que votre haine constitue à leurs yeux une preuve de notre puissance.

[...] Ne tombez pas dans cette erreur, faibles comme vous êtes et à la merci du moindre faux pas. N'imitez pas la façon d'agir du commun des mortels, qui, dans l'accablement où les plonge la perte de tout espoir fondé sur des réalités tangibles, ne songent pas à se sauver par les voies humaines encore ouvertes devant eux et recourent à des moyens surnaturels, tels que prédictions, oracles et pratiques de ce genre, qui les mènent à leur perte en entretenant chez eux une espérance aveugle.

[...] Nous pensons pouvoir nous aussi compter sur la bienveillance des dieux. Ni nos prétentions ni notre conduite n'ont rien qui soit en contradiction avec les idées religieuses des hommes ou avec les principes dont ils s'inspirent dans leurs relations entre eux. Nous croyons, étant donné ce qu'on peut supposer des dieux et ce qu'on sait avec certitude des hommes, que les uns et les autres obéissent nécessairement à une loi de nature qui les pousse à dominer les autres chaque fois qu'il sont les plus forts. Cette loi, ce n'est pas nous qui l'avons faite, et nous ne sommes pas les premiers à l'avoir mise en application une fois qu'elle a été établie. D'autres nous l'ont transmise et nous lui obéissons, comme feront tous ceux qui viendront après nous.

[...]

Au début de l'hiver suivant, le siège fut désormais mené avec énergie et, à la suite d'une trahison, les Méliens se rendirent à discrétion aux Athéniens. Ceux-ci massacrèrent tous les hommes en âge de servir qui tombèrent entre leurs mains. Les femmes et les enfants furent vendus comme esclaves. Par la suite, cinq cents colons d'Athènes furent envoyés à Mélos et s'établirent dans l'île.

2.

Nicolas MACHIAVEL (1469-1527)

Le Prince (1513)

(Folio classique n° 1173)

Dans Le Prince, *Machiavel s'écarte résolument des traités classiques de gouvernement qui présentaient la figure idéalisée du bon prince pénétré des vertus chrétiennes et accordé à l'ordre de la création. Son point de vue n'est pas celui des finalités de la cité et de l'homme, il ne s'intéresse pas à l'ordre juste qui devrait s'imposer d'en haut à ces derniers. Le savoir politique dont il est l'inventeur part d'en bas, de l'examen des faits, c'est-à-dire des multiples rencontres entre le cours changeant des choses (la fortune) et l'initiative humaine (la vertu). C'est pourquoi il étudie plus les modes de conquête et de conservation du principat que les institutions et les lois de l'Antiquité ou de la Renaissance.*

Le rapport de domination est alors un élément fondamental de la réflexion machiavélienne. Or il n'est pas unilatéral : celui qui exerce le pouvoir doit être accepté par celui qui le subit. C'est pourquoi le prince doit arborer une grande fidélité aux valeurs et aux normes qui prévalent dans la cité, à commencer par la religion, bien qu'il puisse et parfois doive s'y soustraire. Il lui faut aussi donner le change, « colorer » les manquements et les infidélités nécessaires, trouver de bonnes raisons à ces reniements. C'est que les sujets du prince tiennent à l'apparence du bien. Contre Platon, Machiavel estime que cette apparence est suffisante, contre les Athéniens de Thucydide, qu'elle est nécessaire. Cette apparence dépend à son tour de deux critères totalement hérétiques pour une tradition idéaliste. Le nombre d'abord : le jugement qui compte est celui de la foule. Le succès ensuite : c'est la réussite, ce qui advient d'une action, qui la fait paraître bonne aux yeux du public. La force qui triomphe suscite l'adhésion. Dès lors ceux qui pensent n'être pas dupes, et qui voudraient un fondement véritable devant lequel en appeler de la conduite des princes, sont à leur tour victimes d'une illusion ; le peuple, plus sage, n'en demande pas tant.

> Le prince doit donc soigneusement prendre garde que jamais ne lui sorte de la bouche propos qui ne soit plein des cinq qualités que j'ai dessus nommées[1]. Il doit sembler, à qui l'entend et voit, toute miséricorde, toute fidélité, toute intégrité, toute religion. Et rien n'est plus nécessaire que de sembler posséder cette dernière qualité. Les hommes, *in universali*[2], jugent plutôt aux yeux qu'aux mains, car chacun peut voir facilement, mais comprendre bien peu. Tout le monde voit bien ce que tu sembles, mais bien peu ont le sentiment de ce que tu es ; et ces peu de gens-là n'osent contredire l'opinion du grand nombre, qui ont de leur côté la majesté de l'État qui les soutient ; et pour les actions de tous les hommes, et spécialement des princes (car là on n'en peut appeler à un autre juge), on regarde quel a été le succès. Qu'un prince se pose pour son but de vaincre et de maintenir l'État : les moyens seront toujours estimés honorables et loués de chacun ; car le vulgaire ne juge que de ce qu'il voit et de ce qui advient ; or, en ce monde, il n'y a que le

1. Plus haut, Machiavel déclarait : « Et j'oserai bien dire que s'il les a et qu'il les observe toujours, elles lui portent dommage ; mais faisant beau semblant de les avoir, alors elles sont profitables ; comme de sembler être pitoyable, fidèle, humain, intègre, religieux ; et de l'être mais arrêtant alors ton esprit à cela que s'il faut ne l'être point, tu puisses et tu saches user du contraire. »

2. En général.

vulgaire ; et le petit nombre ne compte point, quand le grand nombre a sur quoi s'appuyer.

3.

George ORWELL (1903-1950)

1984 (1948)

(trad. d'A. Audiberti, Folio n° 822)

L'Océania est l'État totalitaire qui réunit l'Amérique, l'Australie, l'Afrique du Sud et la Grande-Bretagne dans un futur marqué symboliquement par la date 1984 (anagramme partielle de 1948, année de la rédaction du roman). L'Océania s'oppose à l'un ou l'autre des deux grands États continentaux, l'Eurasia et l'Estasia, en une guerre permanente et versatile. La société est divisée en trois grandes classes, le Parti intérieur, le Parti extérieur et les prolétaires. Une idéologie terrifiante règne sur les esprits, l'Angsoc, mélange de stalinisme et de fascisme, qui impose le culte d'un chef suprême fictif, Big Brother, et la haine hystérique de l'ennemi extérieur et intérieur. Le développement d'idées autonomes et hétérodoxes est rendu impossible par l'imposition d'une langue appauvrie et abâtardie (la « novlangue »), la réécriture constante du passé, le mécanisme schizophrène de la double pensée. À première vue, il s'agit d'une entreprise absurde qui heurte de plein front les attitudes mentales les mieux ancrées de la pensée saine. Avant de conclure à l'irréalité du cauchemar orwellien, on se rappellera que le passé n'existe pas en dehors des documents et des traces, labiles et incertaines, qu'il a laissées dans les esprits. Qui modifie les documents modifie la perception même du passé, donc le passé lui-même. Quant à la double pensée, elle est la forme exacerbée de la duplicité politique et publicitaire.

Le Parti est, à tous les instants, en possession de la vérité absolue, et l'absolu ne peut avoir jamais été différent de ce qu'il est.
Le contrôle du passé dépend surtout de la discipline de la mémoire. S'assurer que tous les documents s'accordent

avec l'orthodoxie du moment n'est qu'un acte mécanique. Il est aussi nécessaire de se *rappeler* que les événements se sont déroulés de la manière désirée. Et s'il faut rajuster ses souvenirs ou altérer des documents, il est alors nécessaire d'*oublier* que l'on a agi ainsi. La manière de s'y prendre peut être apprise comme toute autre technique mentale. Elle est en effet étudiée par la majorité des membres du Parti et, certainement par tous ceux qui sont intelligents aussi bien qu'orthodoxes. En novlangue, cela s'appelle *doublepensée*, mais la doublepensée comprend aussi beaucoup de significations.

La doublepensée est le pouvoir de garder à l'esprit simultanément deux croyances contradictoires, et de les accepter toutes deux. Un intellectuel du Parti sait dans quel sens ses souvenirs doivent être modifiés. Il sait, par conséquent, qu'il joue avec la réalité, mais par l'exercice de la doublepensée, il se persuade que la réalité n'est pas violée. Le processus doit être conscient, autrement il ne pourrait être réalisé avec une précision suffisante, mais il doit aussi être inconscient. Sinon, il apporterait avec lui une impression de falsification et, partant, de culpabilité.

La doublepensée se place au cœur de l'Angsoc, puisque l'acte essentiel du Parti est d'employer la duperie consciente, tout en retenant la fermeté d'intention qui va de pair avec l'honnêteté véritable. Dire des mensonges délibérés tout en y croyant sincèrement, oublier tous les faits devenus gênants puis, lorsque c'est nécessaire, les tirer de l'oubli pour seulement le laps de temps utile, nier l'existence d'une réalité objective alors qu'on tient compte de la réalité qu'on nie, tout cela est d'une indispensable nécessité.

Pour se servir même du mot doublepensée, il est nécessaire d'user de la dualité de la pensée, car employer le mot, c'est admettre que l'on modifie la réalité. Par un nouvel acte de doublepensée, on efface cette connaissance, et ainsi de suite indéfiniment, avec le mensonge toujours en avance d'un bond sur la vérité.

Enfin, c'est par le moyen de la doublepensée que le Parti a pu et, pour autant que nous le sachions, pourra, pendant des milliers d'années, arrêter le cours de l'Histoire.

4.

Hannah ARENDT (1906-1975)

Condition de l'homme moderne (1958)

(trad. de Georges Fradier, Calmann-Lévy)

Dans Condition de l'homme moderne, *Hannah Arendt distingue deux attitudes humaines fondamentales, la vie contemplative, qui marque un retrait du monde, et la* via activa, *synonyme d'engagement dans le monde. Cette dernière s'organise autour de trois pôles. Le travail, voué à la consommation et à l'entretien de la vie, la fabrication de l'œuvre par l'artisan et l'artiste, destinée à fournir un produit durable et tangible, enfin l'action, par laquelle l'individu se manifeste aux yeux de tous dans un espace politique. Parce qu'elle est nouveauté, parce qu'elle est destinée à des hommes qui y réagissent de façon diverse, parce qu'elle est donc liée à la dimension de la pluralité, l'action est rétive à tout savoir spéculatif et à toute assignation de vérité. La philosophie est dès lors tentée de l'écarter d'une double manière. D'abord en réduisant la pluralité, comme s'y emploie Platon en prescrivant le gouvernement d'un roi philosophe, ou d'un petit groupe uni par le même savoir, et en excluant de la sphère politique tous les autres. Ensuite, en séparant les deux dimensions toujours unies de l'agir, celle qui relève de l'*arkhein, *« commencer », et celle qui relève du* prattein, *« accomplir » : cette dernière exigeant la collaboration incertaine des autres, on peut croire avantageux de la transformer en simple exécution, et de réserver au gouvernant muni de son savoir l'initiative et le commandement. Ainsi sont distingués ceux qui savent sans agir et ceux qui agissent sans savoir. Or ce point se trouve renforcé par un troisième déplacement, l'assimilation de l'intervention légitime dans les affaires de la cité à une production ou à une fabrication. Pour Arendt, c'est une des sources de la violence politique.*

Ce désir de substituer le faire à l'agir afin de conférer au domaine des affaires humaines la solidité inhérente à l'œuvre et à la fabrication apparaît nettement lorsqu'il concerne le centre de la philosophie de Platon, la doctrine des idées. [...] Dans la *République*, le roi-philosophe applique les idées comme l'artisan ses règles et ses mesures. Il « fait » sa cité comme le sculpteur sa statue ; et pour finir, dans l'œuvre de Platon, ces idées deviennent des lois qu'il n'y a plus qu'à mettre en pratique.

Dans cette conception, l'apparition d'un système politique que n'importe qui, après avoir appris les techniques des affaires humaines, peut construire d'après un modèle, devient une chose presque naturelle ; Platon, qui fut le premier à fournir un plan de montage pour fabrication d'États, est resté l'inspirateur de toutes les utopies. Et bien que ces utopies n'aient jamais joué de rôle sensible dans l'Histoire — car dans les rares cas où des plans utopiques se sont réalisés, ils se sont vite écroulés sous le poids de la réalité, moins la réalité des circonstances extérieures, que celle des vraies relations humaines qui leur échappaient — elles ont servi de manière fort efficace à conserver et à développer une tradition de la pensée politique, dans laquelle consciemment ou non, on interprète le concept d'action en termes de faire, de fabrication.

[...]

Il a fallu l'âge moderne, convaincu que l'homme ne peut connaître que ce qu'il fait, que ses facultés prétendument supérieures dépendent du faire et qu'il est donc avant tout *homo faber* et non *animal rationale*, pour mettre en évidence la violence inhérente depuis très longtemps à toutes les interprétations du domaine des affaires humaines comme sphère de fabrication. Ce fut particulièrement frappant dans la série des révolutions caractéristiques de l'époque moderne qui toutes — à l'exception de la révolution américaine — font voir la même combinaison d'enthousiasme romain pour la fondation d'une cité nouvelle et la glorification de la violence comme unique moyen de « faire » cette cité.

5.

Friedrich August HAYEK (1899-1992)

Droit, législation et liberté (1979)

(trad. de R. Audouin, P.U.F)

L'argument fondamental qu'oppose Hayek à tout projet révolutionnaire voulant refonder la société en confiant le pouvoir à une élite centralisant le savoir — capable d'indiquer à la société sa vérité aussi bien positive que normative — n'est pas directement politique : il est épistémologique. D'après Hayek, la connaissance humaine est pour l'essentiel à la fois pratique et abstraite ; elle s'incarne dans les schèmes, des règles qui guident tacitement nos actions, comme lorsque nous formons des phrases en respectant spontanément la syntaxe. C'est une connaissance faite de savoir-faire, que nous serions incapables de théoriser, mais qui permettent de s'adapter souplement à la diversité des situations. Incorporant un savoir inconscient, condensant une expérience collective qui l'enveloppe, « l'esprit ne fabrique point tant des règles qu'il ne se compose de règles pour l'action ».

De l'interaction des individus sur la base de ces règles résulte un ordre collectif auto-organisé irréductible à ses composantes. Le marché donne à voir et à comprendre la possibilité d'une coordination des actions des hommes se réalisant en dehors de leur conscience et de leur volonté. L'« illusion synoptique » des rationalistes constructivistes (à l'intérieur desquels Platon et son projet de reconstruction de l'ordre social), c'est de croire possible d'intégrer des compétences socialement distribuées et d'en pourvoir une instance directrice. Erreur d'autant plus profonde que la société s'accroît et gagne en complexité. C'est pourquoi la justice repose sur des règles de conduite individuelle qui garantissent seulement, par l'échange de signaux impersonnels comme les prix, un ordre spontané harmonisant les actions entre individus étrangers les uns aux autres.

Voici où se situe le grand changement qui a engendré un ordre de société de plus en plus incompréhensible pour l'homme, et dont le maintien exigera de lui qu'il se soumette à des règles apprises souvent contraires à ses instincts héréditaires : ce fut lorsque l'on passa de la société du face-à-face, ou du moins du groupe restreint composé de membres connus et reconnaissables, à la société ouverte, abstraite, qui n'était plus soudée par des buts concrets communs mais seulement par l'obéissance aux mêmes règles abstraites. Ce que l'homme eut le plus de mal à comprendre fut probablement que les seules valeurs communes d'une société ouverte et libre n'étaient pas des objectifs concrets à atteindre, mais seulement des règles de conduite abstraites admises par tous, lesquelles assuraient le maintien d'un ordre tout aussi abstrait qui procurait simplement à l'individu de meilleures perspectives de réussite dans ses initiatives, mais ne lui ouvrait aucune créance sur des biens particuliers.

Ce sont des comportements fort différents, que celui nécessaire à la survie d'une petite bande par la chasse et la cueillette, et celui exigé par une société ouverte fondée sur l'échange. Mais alors que l'humanité eut des centaines de milliers d'années pour acquérir et s'incorporer génétiquement les réactions nécessaires dans le premier cas, il était indispensable pour qu'apparaisse le second que l'homme non seulement apprît de nouvelles règles, mais encore que certaines de ces dernières aient précisément pour but d'inhiber les réactions instinctives qui n'étaient plus appropriées à la société élargie. Ces nouvelles règles n'avaient pas l'appui d'un constat de leur efficacité supérieure. *Nous n'avons jamais inventé notre système économique ; nous n'étions pas assez intelligents pour le faire.* Nous sommes tombés dedans par hasard et il nous a portés à des hauteurs jamais imaginées, puis suggéré des ambitions qui peuvent encore nous mener à le démolir.

Prolongements

Sujets de dissertation

- Qui éduquera les éducateurs ?
- En quel sens peut-on dire du savoir qu'il s'enseigne ?
- Pourquoi légitimer le pouvoir ?
- Le rapprochement platonicien entre le philosophe roi et le pilote du navire est-il pertinent ?

À voir, à écouter

- *Socrate*, drame symphonique en trois parties, d'Erik Satie (1918).
- *Métropolis*, de Fritz Lang (1927).

Pour approfondir la réflexion

- La pensée de Platon
  DIXSAUT, M., *Le Naturel philosophe. Essai sur les Dialogues de Platon*, Paris, Vrin, 3e éd., 2001 (très stimulant : le chapitre V est indispensable pour le livre 6 de la *République*) ; *Platon, le désir de comprendre*, Vrin, Paris, 2003.
  ROBIN, Léon, *Platon*, Paris, P.U.F., 3e éd. 2000 (exposé classique).

- Présentation et discussion de la *République*
  BRUNSCHWIG, J., « Platon. *La République* », dans *Diction-*

naire des œuvres politiques, F. Châtelet, Paris, P.U.F, 1989, p. 819-833. Une très bonne synthèse.

- Le contexte politique, culturel et scientifique

BORDES, J., *Politeia dans la pensée grecque jusqu'à Aristote*, Paris, Les Belles Lettres, 1982 (la notion de « régime politique » dans l'histoire et la pensée grecques).
MARROU, H., *Histoire de l'éducation dans l'Antiquité*, Paris, Seuil, 1948, 1981.
ROBIN, Léon, *La pensée grecque et les origines de l'esprit scientifique*, Paris, Albin Michel, 4e éd. 1998.

- Platon et l'Académie

PLATON, *Lettre* VII, dans *Lettres*, intr. et trad. de L. Brisson, Paris, G.-F. Flammarion, 1987.

- Science et dialectique

DIXSAUT, M., *Métamorphoses de la dialectique dans les Dialogues de Platon*, Paris, Vrin, 2001 (chapitre II : « Puissance et supériorité de la dialectique »).
La Caverne
BRUNSCHWIG, J., « Un détail négligé dans la caverne de Platon », dans *La Recta Ratio. Mélanges en l'honneur de Bernard Rousset*, L. Bove (éd.), Paris, 1999, p. 65-76.
La Ligne
GOLDSCHMIDT, V., « La ligne de la *République* et la classification des sciences » dans *Questions platoniciennes*, Paris, Vrin, 1970, p. 203-220.
Le soleil et le Bien
BARNES, J., « Le soleil de Platon vu avec des lunettes analytiques », *Rue Descartes*, 1991, p. 81-92 (à lire avec la réponse dans la même livraison de M. Dixsaut, « L'analogie intenable », p. 93-120).

- La politique

KOYRÉ, A., *Introduction à la lecture de Platon*, Paris, Gallimard, 1962 (voir surtout le 2e chapitre consacré à la *République* et au rapport entre philosophie et politique).

MULLER, R., *La Doctrine platonicienne de la liberté*, Paris, Vrin, 1997.
POPPER, K. R., *La Société ouverte et ses ennemis, I*; *L'Ascendant de Platon* (trad. abrégée de l'original anglais), Paris, Seuil, 1969 (indispensable pour la critique libérale de la pensée platonicienne).
STRAUSS, L., *La Cité et l'Homme*, trad. d'O. Berrichon-Sedeyn, Paris, Librairie Générale française, 1964, 2005.

[illegible], E., [illegible], [illegible], 1997.

[illegible]

STRAUSS, L., *La Cité et l'homme*, trad. de [illegible], Paris, Librairie Générale française, [illegible] 2005.

Lycée

Série Classiques

Écrire sur la peinture (anthologie) (68)

La poésie baroque (anthologie) (14)

Le sonnet (anthologie) (46)

Honoré de BALZAC, *La Peau de chagrin* (11)

Charles BAUDELAIRE, *Les Fleurs du mal* (17)

Albert CAMUS, *L'Étranger* (40)

Louis-Ferdinand CÉLINE, *Voyage au bout de la nuit* (60)

Albert COHEN, *Le Livre de ma mère* (45)

Pierre CORNEILLE, *Le Menteur* (57)

Marguerite DURAS, *Un barrage contre le Pacifique* (51)

Annie ERNAUX, *La place* (61)

Gustave FLAUBERT, *Madame Bovary* (33)

Sébastien JAPRISOT, *Un long dimanche de fiançailles* (27)

Charles JULIET, *Lambeaux* (48)

Pierre Choderlos de LACLOS, *Les Liaisons dangereuses* (5)

Jean de LA BRUYÈRE, *Les Caractères* (24)

Madame de LAFAYETTE, *La Princesse de Clèves* (39)

MARIVAUX, *L'Île des esclaves* (19)

Guy de MAUPASSANT, *Le Horla* (1)

Guy de MAUPASSANT, *Pierre et Jean* (43)

MOLIÈRE, *L'École des femmes* (25)

MOLIÈRE, *Le Tartuffe* (35)

MOLIÈRE, *L'Impromptu de Versailles* (58)

MONTESQUIEU, *Lettres persanes* (56)

Alfred de MUSSET, *Lorenzaccio* (8)

OVIDE, *Les Métamorphoses* (55)

Raymond QUENEAU, *Zazie dans le métro* (62)

François RABELAIS, *Gargantua* (21)

Jean RACINE, *Andromaque* (10)

Jean RACINE, *Britannicus* (23)

Rainer Maria RILKE, *Lettres à un jeune poète* (59)

SAINT-SIMON, *Mémoires* (64)

Nathalie SARRAUTE, *Enfance* (28)

William SHAKESPEARE, *Hamlet* (54)

Vincent VAN GOGH, *Lettres à Théo* (52)

VOLTAIRE, *Candide* (7)

VOLTAIRE, *L'Ingénu* (31)

VOLTAIRE, *Micromégas* (69)

Émile ZOLA, *Thérèse Raquin* (16)

Série Philosophie

René DESCARTES, *Méditations métaphysiques* - « 1, 2 et 3 » (77)

Michel FOUCAULT, *La Volonté de savoir* - « Droit de mort et pouvoir sur la vie » (79)

Nicolas MALEBRANCHE, *La Recherche de la vérité* - « De l'imagination (2 et 3) » (81)

Baruch SPINOZA, *Lettres sur le mal* - « Correspondance avec Blyenbergh » (80)

Composition Interligne
Impression Novoprint
à Barcelone, le 22 mai 2006
Dépôt légal : mai 2006
ISBN 2-07-033837-1/Imprimé en Espagne.

143115

Platon

La République

Livres 6 et 7

Traduit du grec par
Pierre Pachet

Dossier et notes réalisés par
Fulcran Teisserenc

Lecture d'image par
Seloua Luste Boulbina

folioplus
philosophie

Fulcran Teisserenc (né en 1966) est agrégé de philosophie et docteur de l'Université Paris I-Panthéon-Sorbonne. Il a travaillé sur le discours et l'image chez Platon, et enseigne actuellement au lycée Jacques Brel à La Courneuve.

Seloua Luste Boulbina, agrégée de philosophie et docteur en sciences politiques, a réalisé la première étude universitaire sur les Grands Travaux à Paris (1981-1995). Collectionneuse, elle a une expérience de plasticienne et collabore avec des artistes français et étrangers. Enseignante de philosophie à Paris, elle initie ses étudiants aux arts plastiques contemporains. Elle collabore aux *Temps modernes*, aux *Cahiers philosophiques* ainsi qu'à *Philosophie Magazine*. Elle est responsable de séminaire au Collège international de philosophie.

Couverture : Eduardo Arroyo, *Winston Churchill peintre*, 1969 © ADAGP, 2006.